普通高等教育智慧海洋技术系列教材

智能船舶原理与设计

向先波　杨少龙　刘志林　主编

科学出版社

北　京

内 容 简 介

智能船舶是近年来全球船舶工业的新热点，也是海洋装备战略性新兴领域的重要新质生产力。在此背景下，本书以小型无人艇代表的智能船舶为对象，从智能航行的角度出发，系统地介绍了无人艇的自主航行原理与设计方法。全书内容覆盖了基本概念、运动建模、动力推进、航行控制、视觉感知、实艇案例等，旨在将智能船舶实现自主航行所需的多学科知识汇聚成体系化图谱和综合性案例。系统性的理论学习与思考实践，让学生掌握基础理论，学会设计工具，熟悉开发流程，锻炼学生的工程设计与分析验证能力。

本书不仅适合作为船舶与海洋工程、轮机工程、海洋机器人等相关专业高年级本科生和研究生的专业教材，也适合智能船舶领域的科研人员和工程技术人员作为参考书。

图书在版编目(CIP)数据

智能船舶原理与设计 / 向先波, 杨少龙, 刘志林主编. -- 北京：科学出版社, 2024. 12. -- (普通高等教育智慧海洋技术系列教材). -- ISBN 978-7-03-080416-7

Ⅰ. U66-39

中国国家版本馆 CIP 数据核字第 20240E019Q 号

责任编辑：朱晓颖 / 责任校对：王 瑞
责任印制：师艳茹 / 封面设计：马晓敏

科 学 出 版 社 出版

北京东黄城根北街 16 号
邮政编码：100717
http://www.sciencep.com

三河市骏杰印刷有限公司印刷

科学出版社发行 各地新华书店经销
*
2024 年 12 月第 一 版 开本：787×1092 1/16
2024 年 12 月第一次印刷 印张：10 1/4
字数：260 000

定价：59.00 元

(如有印装质量问题，我社负责调换)

前　　言

本书紧跟国际学术前沿和时代发展步伐，瞄准国家急需的智慧海洋新兴领域的科技与人才竞争需求，服务于国家战略和船舶工业转型升级对"新工科"复合型创新人才的培养。

智能船舶是近年来全球船舶工业的新热点，也是国际海事组织讨论的重要议题。国内外已有诸多代表性智能船舶示范的案例，既有大型远洋船舶的智能化产物，也有小型水面无人艇等新质无人装备。这些新型智能船舶，一方面使传统船舶制造与航运业的运行模式深刻变革，另一方面也逐步成为人类认识海洋、经略海洋的重要新质生产力。本书编写组结合行业技术发展动态，梳理智能船舶研发所需的共性基础原理和核心设计方法，以小型无人艇为代表的智能船舶为对象编写本书。本书系统阐述小型无人艇的核心技术之一——自主航行的基本原理与设计方法，以自主航行的原理与设计为组织主线，引导学生学习基础理论、构建知识体系、实践形成知行合一的设计和分析能力，按照"理论→设计→实践"的教学培养思路，教授学生掌握智能船舶自主航行的基本理论与设计方法，培养学生对智能船舶自主航行控制系统的设计与开发、系统工程思维等方面的能力，填补我国在智能船舶创新设计人才培养方面的教材空缺，培养满足新时代海洋强国建设需求的高素质人才。

本书共 6 章，包括智能船舶概述、无人艇运动建模与参数辨识、无人艇推进动力系统原理与设计、无人艇智能航行控制原理与设计、无人艇视觉识别与相对定位、无人艇智能航行控制案例设计与分析。结合本书所学基础，读者可进一步拓展智能船舶态势感知、人工智能控制、多目标决策航线规划等领域的原理与实践学习。另外，作者依托智慧树平台构建"智能船舶原理与设计"AI 课程（免登录网址：http://t.zhihuishu.com/jE32O4DA），提供课程图谱、问题图谱与能力图谱等，供读者从多维度、多层面理解知识点。

课程图谱
学习演示

本书内容是近年来华中科技大学和哈尔滨工程大学相关院系的科研成果与教学改革的总结升华。本书编写组水平所限，恳请各位专家、同行提出宝贵建议，以进一步修订、完善，不断提高本书质量。

作　者
2024 年 8 月

目　　录

第 1 章　智能船舶概述

近年来，海上自主水面船舶(maritime autonomous surface ship，MASS)作为国内外海事界的新热点，已成为智能船舶的重要体现。在人工智能与大数据等前沿信息科技的不断融合背景下，智能船舶被赋予显著的安全可靠性、经济高效性和节能环保性，使其成为船舶工业转型升级的主要方向。为更好地应对运营成本增长、船舶操作复杂化以及环保法规日趋严格等问题，航运界不断增加对智能船舶的技术投入。

国际海事组织(IMO)、国际标准化组织(ISO)等国际组织也将智能船舶列为重要议题，国际主要船级社先后发布了有关智能船舶的规范或指导性文件，世界主要造船国家大力推进智能船舶的研制与应用。我国船舶工业和航运业在智能船舶领域进行了有益探索，相关科研攻关取得积极进展，智能技术工程化应用初显成效，已形成一定的技术积累和产业基础，基本与国际先进水平保持同步。但总体而言，全球智能船舶仍处于探索和发展的初级阶段，智能船舶的定义、分级分类尚未统一，智能感知、智能航行等核心技术尚未突破，智能船舶标准体系、测试与验证体系亟待建立，智能技术工程化应用十分有限，相关国际国内法规刚刚起步。

船舶智能化已经成为船舶制造与航运领域发展的必然趋势。世界主要造船大国对大型智能船舶的研发正如火如荼地开展。与此同时，作为智能船舶的一类重要组成成员，无人艇(unmanned surface vehicle，USV)在现代海事和海洋开发领域也扮演着日益重要的角色，当前这类小型无人艇代表了高端海洋装备的发展前沿。无人艇属于特种机器人中水面机器人分支，可以按照任务需求搭载各种不同的功能模块，自主或者半自主完成一系列任务，具有一定智能性，是能够在水面航行的小型智能水面船艇。例如，在海洋探测和开发的过程中，具备自主规划、避碰等智能航行控制能力的无人艇，直接参与实际海上作业，全自动智能航行配合远程遥控作业，可以很大程度地减少人力投入，同时也避免了作业人员直接面对恶劣的海洋环境，保障了作业人员的安全。

因此，结合当前行业发展现状，世界新一轮科技革命促进新技术与船舶工业的深度融合，以大型智能船舶、小型无人艇为代表的智能船舶正成为船舶工业转型升级的新引擎，智能化将成为未来船舶竞争的制高点。

1.1　智能船舶概念

根据中国船级社发布的《智能船舶规范(2024)》的定义，智能船舶是指利用传感器、通信、物联网、互联网等技术手段，自动感知和获得船舶自身、海洋环境、物流、港口等方面的信息与数据，并基于计算机技术、自动控制技术、大数据处理和分析技术，在船舶航行、管理、维护保养、货物运输等方面实现智能化运行的船舶，以使船舶自身更加安全、更加环保、更加经济和更加高效。

根据定义，智能船舶与普通船舶相比，主要有以下区别。

(1)船上拥有大量的现场传感器，具有较强的环境感知和信息处理能力。对周边海域环境的实时准确认识和信息汇总对智能船舶来说，是其进行正确的决策分析以及后续操作的基础。

(2)智能化的评估决策体系。由于智能船舶从设计上就要求体现少人甚至无人的特点，机器决策对智能船舶来说就是必不可少的部分，只有用机器部分代替甚至某些决策全部代替人工进行，才能保证智能船舶运营过程的顺利与安全。

(3)能够更加紧密地进行信息交流反馈。对智能船舶而言，最大的挑战就在于航行安全，仅仅通过船舶自身的视角获取环境信息显然不够充分。智能船舶的运营过程离不开各种设备、设施之间的辅助和交流，如何将这些繁杂的信息加以整合，并结合船舶自身感知的实时环境做出正确的决策，是智能船舶技术的关键。

1.2　船舶智能化特点

1.2.1　智能船舶主要特点

智能船舶自身应具有如下特点。

(1)具有感知能力，即具有能够感知船舶自身以及周围环境信息的能力。

(2)具有记忆和思维能力，即具有存储感知信息及管理知识的能力，并能够利用已有的知识对信息进行分析、计算、比较、判断、联想、决策。

(3)具有学习和自适应能力，即通过专家知识以及与环境的相互作用，不断学习积累知识并适应环境变化。

(4)具有行为决策能力，即对自身状况及外部环境做出反应，形成决策并指导船岸人员，甚至控制船舶。

(5)互联互通，在智能船舶上布置感知系统，建设系统间以及船岸间的通信和数据共享，实现对船舶的远程监测。

(6)系统整合，制定统一的船舶数据标准，逐步将多源异构系统整合为单一集成系统，实现平台化管理，为实现"一平台+多应用"的目标奠定基础。

(7)远程控制，管理人员在岸基控制中心、母船等位置，通过远程通信手段，实现对被控制船舶的操控。远程控制应用的前提是需要解决设备的健康管理等一系列技术问题。

(8)自主操作，在感知的基础上，利用高度复杂的软件技术、控制算法，如基于博弈论的避碰技术，形成控制指令。自主操作船舶具备自适应能力，无须船员进行常规操作。

1.2.2　智能船舶主要功能

智能船舶的功能分为智能航行、智能船体、智能机舱、智能能效管理、智能货物管理和智能集成控制中心，具体介绍如下。

1．智能航行

智能航行模块包括定位、导航、决策等内容，负责智能船舶运动控制，主要分为基于岸基的远程路径控制和由船上自主进行决策两种方式进行。对智能船舶来说，该模块需要通过传感器和网络获得海况和附近其他船舶的运动状态信息，在确保安全性的前提下，综合考虑航行时间、航行距离、油耗等因素，对船舶的运动进行决策，选择最适合的路径进行航行。这是智能船舶相较于普通船舶最大且明显的不同之处，与智能营运密切相关。

2．智能船体

智能船体模块主要由大量的传感器和监测设备构成。由于智能船舶少人甚至无人的特点，船体自身的状况必须通过传感器进行采集、整理汇总和分析。这一部分是智能船舶进行智能维护、智能回收的依据，同时也是中央控制对船舶自身状况进行判断的依据。其功能主要分为两部分：一部分是在航行过程中实时反馈船舶状况信息给中央控制，作为智能船舶下一步智能航行决策的依据；另一部分是收集船舶强度、稳性信息，包括钢板厚度是否达标、是否有进水现象等，作为是否需要进行维护以及报废处理的依据。

3．智能机舱

智能机舱模块主要是在已有的船舶轮机和船舶机电系统的基础上，通过大数据、人工智能、机器学习等新技术进行智能化整合和分析，使其满足智能船舶更高自动化和系统化的需要。在原有轮机机电系统状态控制监测的基础上，通过更多的传感器和控制设备，可进一步将原有需要人工操作的部分变为机器操作，并保持船舶各机电设备能够正常工作。

4．智能能效管理

智能能效管理模块可以说是紧接在智能航行模块之后的。在确定了航行路径之后，智能能效管理需要监测当前的船舶状态，在实现按预定轨迹航行的前提下，根据当前状态进行推力分配和航速优化，以达到最大程度节省能源的目的，同时实时记录相关信息，供能效预测和改进分析使用。

5．智能货物管理

智能货物管理模块主要针对的是干散货船、集装箱船、油船、化学品船、液化气体船等种类的船舶。对于干散货船，主要是监控货物的位置信息以及货舱、系带等状态；

对于集装箱船,类似于陆地上的智能仓库,监控集装箱编号、装载情况以及货物信息,而对于特殊货物,需要监控温度、湿度等环境信息;对于油船、化学品船、液化气体船等,则主要监控温度、湿度、含氧量、压力等环境信息以及阀门、管道的密封情况。智能货物管理可以借鉴智能仓库的部分系统,对货物信息条目进行整理,同时由于货物处于船上,在安全性和环保性上要比智能仓库更加严格,做好安全防护以及紧急情况的处置措施。

6. 智能集成控制中心

智能集成控制中心是整个智能船舶的信息和控制中枢,需要整合前 5 个系统的反馈信息,进行模块间的协调和状况分析,做出总决策。智能集成控制中心可以在船上,也可以在岸基站上。对于这一部分的设计主要需要依靠信息技术(如 5G)的应用,设计结构合理、有冗余的网络,并且利用人工智能对各个功能模块的海量信息进行筛选和自主判断。

1.2.3　智能船舶关键技术

为实现上述智能船舶功能,支撑智能船舶的关键技术包括信息感知技术、通信导航技术、能效控制技术、航线规划技术、状态监测与故障诊断技术、遇险预警救助技术、自主航行技术,具体介绍如下。

1. 信息感知技术

基于一定传感设备与系统,信息感知技术能够自动感知周围环境,实现各种信息的收集,船舶的稳定、安全运行能够得到保障,具体涉及的信息包括船舶自身信息和周边信息,如船舶所在位置等状态信息、机舱等部位的设备信息、周围的障碍物及天气信息等,各类记录仪、风速风向传感器、雷达、视频摄像机等采集设备负责信息感知,辅以针对性地分类和整理,即可消除数据冗杂对判断带来的负面影响。

2. 通信导航技术

通信导航技术能够满足船舶系统信息交互需要,岸基站、船舶、航标间的有效交流也能够顺利实现,各类运行故障能够有效规避。

3. 能效控制技术

能效控制技术是通过对能效指标进行分析和汇总整理,指导船舶能效因素(航线设计、航速、船舶浮态、动力设备)和人员培训等技术措施的改善,最终达到减少排放、提高能效目的的技术手段。

4. 航线规划技术

在航行过程中,智能船舶能够基于水流分布情况、水域情况、航行满意度等信息,自动选择最安全、最优、最节能的航线。线性规划、遗传算法、模拟退火等技术均可用于智能船舶航线规划，航线的安全性与环保性能够在这类技术支持下得到保障。

5. 状态监测与故障诊断技术

通过监测运行过程中的各项指标，异常情况能够及时被发现，遗传算法属于最常用的船舶状态监测技术。在大数据基础支持下，故障诊断技术能够对船舶设备异常进行判断，且能够实现可能发生故障部位的自动锁定，相应诊断、维修、保养能够获得依据，船舶运行安全性也能够更好地得到保障。

6. 遇险预警救助技术

遇险预警救助技术是船舶在遭遇恶劣海况、天气或其他特殊情况时能够对船舶航行姿态进行实时监测和预警，并能在船舶发生倾覆等突发情况时自动向监控中心或周围船舶发出求救信号，指引搜救人员和船舶前往遇难遇险船舶开展救助的方法手段。

7. 自主航行技术

自主航行技术是智能船舶实现无人驾驶的关键所在。智能航行是指利用计算机技术、控制技术等对感知获得的信息进行分析与处理，对船舶航路和航速进行设计和优化；借助岸基支持中心，船舶能在开阔水域、狭窄水道、复杂环境条件下自动避碰，实现自主航行。

1.2.4　智能船舶船级社认证

通常，船舶入籍根据申请，经中国船级社审图与检验，确认船舶在自主操作、远程控制、智能航行、智能船体、智能机舱、智能能效管理、智能货物管理和智能集成控制中心方面已符合《智能船舶规范》规范要求，可授予如下智能船舶附加标志：

$$i\text{-Ship}\,(Ai,\ Ri,\ Nx,\ Hx,\ Mx,\ Ex,\ Cx,\ I)$$

式中，括号内的大写字母是智能船舶的功能标志，可根据船舶实际具有的功能授予，具体含义如表 1-1 所示；i 为数字 1, 2, 3，表示自主操作和远程控制的范围与程度，根据船舶的具体功能，只能选择一个对应的数字；x 为可选功能补充标志，一个小写字母表示一个功能补充标志，一个功能标志可有多个功能补充标志，并用"，"分开。

表 1-1　智能船舶船级社检验附加标志规定

符号名称	符号含义	符号名称	符号含义
Ai	自主操作	Mx	智能机舱
Ri	远程控制	Ex	智能能效管理
Nx	智能航行	Cx	智能货物管理
Hx	智能船体	I	智能集成控制中心

针对智能船舶，不同国家由于对其定义的差别，制定了不同的规范和要求，能否满足这些要求就成为了一艘智能船舶能否在该国入籍的关键。只有确认船舶功能符合相关

规范要求，才可授予对应的智能船舶附加标志。

在所有附加标志规范要求中，智能航行占有极为重要的地位。智能航行是指利用先进感知技术和传感信息融合技术等获取与感知船舶航行所需的状态信息，并通过计算机技术、控制技术进行分析和处理，为船舶提供辅助航行决策建议。在可行时，船舶能够在开阔水域、狭窄水道、进出港口、靠离码头等不同航行场景和复杂环境条件下实现自主航行。

一艘智能船舶的自主航行功能如何实现，很大程度影响了智能船舶的整体设计框架和其他功能的系统设计，与船舶快速性、适航性和操纵性三个基本性能息息相关。因此，对智能船舶而言，智能航行的实现至关重要。

1.2.5 智能船舶的分类

智能船舶的分类通常基于船舶的智能化水平或自主性程度。IMO、世界主要航运大国的船级社等机构对智能船舶的自主性程度进行了分级分类定义。根据智能船舶技术发展路线图，无人化智能船舶被视为发展的高级阶段。当前随着自主技术发展，无人艇作为一类智能化水平较高的智能船舶，近十年来发展迅速，形成了可代替人类完成各类重复和危险的水上作业任务能力，在军事和民用领域发挥了越来越重要的作用。

无人艇是一个复杂的系统，涉及船舶设计、通信传输、环境感知、数据融合、运动控制、人机交互、人工智能等多个专业领域，关键技术涉及导航与定位、控制与决策、感知与融合、能源与动力、船体与载荷、通信与数据等众多方面，以实现船舶的自主航行、智能避障、目标识别、多模通信等功能。从自主能力等级、排水量和航速三个方面可对无人艇进行分类，介绍如下。

1. 按自主能力等级分类

自主性是无人艇的关键核心技术。法国必维船级社将船舶的自主等级分为了 A0～A4 级。A0 为人工操作(human operated)，所用的控制操作由人工进行；A1 为人工引导(human directed)，系统执行人类的决策和任务；A2 为人工委托(human delegated)，没有系统调用功能，人类必须确认决策但可以拒绝决策；A3 为人工监督(human supervised)，系统在不等待人工反应的情况下调用功能，不需要确认，且人类总是了解决策和行动；A4 为完全自主化(full automation)，系统在不通知人员的情况下调用功能，紧急情况除外。系统不需要得到确认，人类只有在紧急情况下才会得到通知。芬兰国家技术创新局根据人参与控制行为的程度，将无人艇自主性分为 0～10 级；英国罗尔斯-罗伊斯公司按照人与系统的角色分工，将无人艇自主性分为无自主、部分自主、条件自主、高度自主和完全自主；英国劳氏船级社依据自动化程度，将无人艇自主性分为 AL0～AL6 级。自主性已成为评定无人艇先进性的重要标准。

2．按排水量分类

无人艇按照排水量的不同，可分为 5 类：排水量小于 0.5t 的为微型无人艇，排水量为 0.5～2t 的为小型无人艇，排水量为 2～10t 的为中型无人艇，排水量为 10～100t 的为大型无人艇，排水量大于 100t 的为超大型无人艇。

无人艇排水量的选择与应用环境、应用场景和任务负荷密不可分。对于在内陆江河湖泊、近海水域调查及地貌测绘等较低风浪和流速环境下执行的任务，无人艇要求排水量较低，以增加便捷性、减少运输和吊放成本以及覆盖更多的作业区域，以微型和小型无人艇为主；而在深远海域、恶劣海况下的环境调查、海上巡逻、灾害救援等高任务负荷应用场景下，无人艇需要较大的排水量，以抵御较大的风浪，搭载更多任务负荷，并保障无人艇的安全和扩展任务种类，以中型和大型无人艇为主；超大型无人艇则更适合智慧航运和海上安防等要求。

3．按航速分类

无人艇按照航速的不同，可分为 4 类：低速无人艇为最大航速小于 15kn，中速无人艇为最大航速介于 15～30kn，高速无人艇为最大航速介于 30～50kn，超高速无人艇最大航速则在 50kn 以上。

无人艇的速度要求也与执行的具体任务有关。在生态环境监测、水域测绘、海洋调查、海上风电运维、海上油气运维等应用场景中，需要最大航速小于 15kn 的低速无人艇，确保任务载荷采集数据的质量和稳定性，以提高成果的可靠性；而在海上巡逻、灾害救援等应用场景，就需要具备更高的航速，以便高效地完成任务。

1.3　国内外智能船舶现状

国内外智能船舶的发展技术路线可归结为：从小到大，从局部到整体。目前，智能船舶仍处于起步阶段，是一个循序渐进的技术迭代过程。对于大型船舶智能化，需结合现有信息条件和船舶实际硬件，逐步配置具备感知、分析、评估、预测、决策、控制、管理、远程支持等能力的智能子系统，完成智能船舶应用的支撑系统，并在应用中逐步完善和整合，最终形成能够感知、评估、预测、重构的智能船舶。而对无人艇而言，其技术迭代速度快，系统集成度、模块化程度更高，目前国内外已有诸多小型无人艇装备走向军民领域的各类应用场景，并产生了显著的经济社会效益。相关现状简要介绍如下。

1.3.1　无人艇发展现状

无人艇通过融合自动化、人工智能、远程操控和自主导航等先进技术，能够执行高风险、高强度、高持续性的任务，如海域巡逻、情报收集、反潜作战、水雷对抗、特种作战支援等，而无须面临人员伤亡的风险。从军事角度来看，无人艇的成本效益高、体积小、隐蔽性强等特点使其在战略侦察、海上封锁、对敌方港口与舰艇攻击等方面具有独特优势。随着无人艇技术的不断成熟与创新，其在保障国家安全、执行非传统安全任务以及推动海洋科学考察等诸多方面的作用越发突出，已成为衡量一个国家海军现代化程度和技术实力的重要标志。

全球无人艇总体发展的脉络是起源于军用，逐渐再转为民用。以美国、以色列、英国、德国等为首的发达国家早在几十年前就已经开始了对水面船舶的研究，无人艇的发展一直是美国海军的关注重点。

在第二次世界大战时期的海军战场，美军利用在无人艇上架设的枪炮和导弹，来远程操控攻击敌军。1946 年，美国政府使用了水面船舶远程操控对"贝克"核弹爆炸后的附近海域范围内的海水进行采样，调查爆炸之后这一区域范围内的海水水质的放射性。70 年代，在美军部署的反水雷舰艇系统(mine countermeasure systems，MCMs)中，无人艇得到了大规模应用，在军事侦察、巡逻等任务中发挥了重要作用。2002 年5 月，美国海军司令部发起设计"斯巴达侦察兵"无人艇(Spartan scout USV)(图 1-1)的研制计划，该计划的目标是研制具有快速性、半自主性、可执行多种作业任务以及模块化等多功能的水面船舶。"斯巴达侦察兵"无人艇的主要作用是用于水面监控和军事保障，可执行精确打击、水雷作战、反潜战、港口监控等多项重要任务。近年来，美军水面无人装备体系不断迭代演进，自 2007 年发布《海军无人水面艇主计划》起，到 2019 年修订的无人艇规划，再到 2021 年发布的《海军无人作战框架》，已基本形成了由小型(十吨级)、中型(百吨级)和大型(千吨级)等 3 种吨位无人艇构成的体系架构。在小型无人艇发展方面，美国海军发布的《海军无人水面艇主计划》提出重点发展 3～11 米级的"X-级""港口级""通气管级""舰队级" 4 类艇型的发展规划，已批量化列装应用；在中型无人艇发展方面，美军探索发展了百吨级"海上猎人"号和"海鹰"号反潜无人艇；在大型无人艇发展方面，美军大力推进"幽灵舰队"计划，2000 吨级的"游骑兵"号和"流浪者"号无人艇已于 2022 年交付美海军。

图 1-1　美国海军无人艇 Spartan scout USV

以色列在研发无人艇领域也成果显著。2003 年，以色列军方将 Protector 无人艇应用到军事训练、作战等任务中，艇型如图 1-2 所示。Protector 无人艇的军事任务适用面非常广泛，如反恐、侦察、火力掩护、反潜、电子战等。Protector 无人艇采用模块化设计，并且该艇核心控制器上搭载先进传感器，可提高无人艇的性能和作业精度。此后，以色列又研制了多种型号和功能的无人艇，如 Stingray、Starfish 等，加强其现代化的海军实力。

图 1-2 以色列 Protector 无人艇

2024 年，德-英联合组建的两栖工兵营应用了 Sonobot 5 水体探测无人艇，如图 1-3 所示。Sonobot 5 是一种用于探测湖泊、运河等内陆水域测量的装备，可用于探测埋在水底、浅滩等区域的杂物或地雷等爆炸物，也可以使用侧扫声呐测绘河床地形。Sonobot 5 具有结构轻便、部署灵活等特点，可由单兵携带、组装和部署。

图 1-3 Sonobot 5 水体探测无人艇

进入 21 世纪，我国在无人艇领域研究也逐渐兴起，相关研究机构凝聚技术力量，加大投入力度，已研制出多型具备一定自主导航控制能力以及任务执行能力的无人艇。2008 年，沈阳航天新光集团与中国气象局大气探测技术中心合作，研发了一艘民用领域具有代表性的"天象 1 号"无人艇，如图 1-4 所示，艇长 6.5m，艇体由碳纤维材料制成。在

2008 年北京奥运会青岛帆船比赛期间，"天象 1 号"搭载作业设备为比赛采集气象信息，辅助提供气象台实时发布精确的天气信息。随后，上海大学研发的"精海"系列无人艇，艇型丰富，自 2013 年"精海 1 号"自主完成了对南海部分地域地形和水文的测量，到"精海 15 号"实现多功能侦察警戒功能，智能化程度不断提升。

图 1-4　中国"天象 1 号"无人艇

2016 年，中国船舶集团第 701 研究所自主研制的"海翼 1 号"无人艇下水测试，演示了自主航行和自主避障能力。该艇长 6.8m，宽 2.4m，排水量 2.8t，最大航速超过 30kn，艇上配备有北斗定位传感器、航行姿态传感器、雷达、光电系统及超短波无线通信设备，具有自主航行、遥控、手动驾驶三种航行模式。

随后，2017 年"天行 1 号"远程快速无人艇问世。其艇长 12.2m，满载排水量 7.5t，配有油电复合动力系统，最高航速超过 50kn，最大航程 1000km，具有手操、遥控、半自主、全自主四种工作模式，可实现复杂海洋环境中的静态和动态障碍物的自主避碰航行，如图 1-5 所示。"天行 1 号"的"大脑"——智能控制系统，将自主驾控、感知、决策与当前人工智能技术相结合，具备了"态势思考"能力，可在高航速条件下对周围环境态势信息进行准确快速的认知，在执行使命任务时可以综合分析任务背景与环境态势，灵活应对复杂环境中的静态、动态障碍目标，实现高效的自主危险规避，在水面无人技术领域做到了"跑得快、航行远、能干活、会思考"。

同年，中国第 34 次南极科学考察启动，由珠海云洲智能科技股份有限公司(简称云州智能)设计研发的 M80 测量无人艇伴随"雪龙"号极地科学考察船一路向南，如图 1-6 所示，远赴位于罗斯海西岸的难言岛(恩科斯堡岛)，并出色完成了中国第 5 座南极考察站建站的锚地测量工作。M80 历时 14h 完成 5km^2 海域多波束全覆盖海底地形测量，不仅填补了中国在南极重点区域的考察空白，而且展现了无人水深地形勘测的中国创新实力。

图 1-5　"天行 1 号"远程快速无人艇

图 1-6　云洲智能 M80 测量无人艇

2023 年，面向智慧海洋观测的全球首艘智能型无人系统科考母船"珠海云"交付使用，如图 1-7 所示，标志着以无人船艇集群为代表的广域异构跨域组网协同控制技术也将取得海试应用，为解决大量海洋科考实际问题提供智慧高效的新质生产力工具。

　　从无人艇民用市场角度来看，2013 年前全球市场规模基本为零，仅有少数企业、科研院所报道在船艇上搭载仪器开展实验研究或演示性任务。2013 年，云洲智能正式推出内河级城市水域应用无人艇样机（图 1-8），是无人艇行业进入产业化的早期尝试，随后该公司陆续推出多款船型，应用场景从水质监测、水文测量发展到水下测绘、水面保洁、水面救生等。随后，英国 ASV 和 Sea-Kit、法国 iXblue、挪威 Maritime Robotics、爱尔兰 X-Ocean、美国 Saildrone 等国外公司也陆续开展无人艇产品应用探索。与此同时，国内无人艇市场发展也进入快车道，如华测导航、科微智能、中海达、欧卡智舶等。以云洲智能为例，先后推出 M75 型、L30 型海防级民用无人艇产品，交付海事、交通、应急管理等单位。

图 1-7　"珠海云"无人系统科考母船

图 1-8　云洲智能早期推出的内河级城市水域应用无人艇

目前，国内外无人艇装备发展历程基本遵循了由小型、中型到大型无人艇，直至无人舰艇或商船的发展思路。随着无人艇技术发展，行业逐渐接受以无人艇作为自动化、智能化科技手段解决行业痛点问题，对无人艇行业的需求不再仅限于提供平台性能更高、载荷兼容能力更强的产品，同时未来随着相关标准的建立，无人艇所产生的数据价值得以计量与保护，海量的水环境资源数据将得以更好地实现利用，由此提供优质且轻资产化的数据服务也是无人艇应用领域的拓展。随着无人艇技术逐渐成熟与各行业对无人装备的认知深入，无人艇的细分市场将进一步拓宽，应用场景将更加丰富。

1.3.2　大型智能船舶发展现状

2010 年，韩国便开始大规模研究智能船舶，探索发展智能船舶综合管理网通信技术。该技术能够通过互联网综合管理船舶系统中的 400 余种部件，使得航行相关装置操作难度有效降低，并利用卫星远程通信手段实现船舶运行状态监控及岸上实时管理。

2014 年，日本开始研究智能船舶，"智能船舶应用平台"（SSAP）项目在这一年启动。该项目重点围绕船舶设备数据获取标准化方法的建立展开，同时关注船舶环保性与安全性的提升。SSAP 项目集合了日本 27 家造船相关单位，该平台已在多艘原油运输船和渡船上安装应用，相关数据结构、系统安全、系统模型的标准化工作也开始在国际推广。此外，在智能船舶研究中，日本先后主导编制了多项智能船舶国际标准，涉及智能船舶相关的信息传输、航行记录、航向控制、船舶通导等领域，这也使得智能船舶研究为日本造船业的振兴提供了有力支持。

大型智能船舶概念较早起源于欧洲，2012 年欧洲联盟启动的"海上智能无人导航系统项目"（MUNIN 项目），目标是建立有关商业无人船艇的技术概念，同时对其在技术、经济和法律法规上的可行性进行有效评估。从 2017 年开始，欧洲广泛进行智能船舶研究，2020 年雅苒和康斯伯格海事合作研发的具有代表性的 Yara Birkeland 号零排放大型智能船舶交付使用（图 1-9），船长 79.5m、型宽 14.8m、型深 12m、满载吃水 6m、空载吃水 3m，可装载 120 个标准集装箱，载重 3200t。该智能船舶采用无人驾驶技术和纯电动驱动，实现自动靠离泊和码头货物装卸，以及在公海的自主航行和避障任务。

图 1-9　Yara Birkeland 号零排放大型智能船舶

2014 年，我国智能船舶研究开始广泛开展，中国船舶工业集团有限公司开展的智能船舶设计建造便属于其中代表，这一研究成果在 2017 年 12 月成功交付，"大智"号散货智能船舶（图 1-10）成为全球首艘得到船级社认证的智能船舶，同时获得了英国劳氏船级社和中国船级社授予的智能船舶附加标志。依托自主研制和集成应用的智能航行系统、智能运行与维护系统、船舶智能集成信息平台，"大智"号的技术性能先进，其安装的船舶智能运行与维护系统具备自主学习能力，依托双冗余千兆光纤骨干环网及机器学习、物联网、传感器等技术手段，全船设备及系统的信息融合与共享得以实现，而在数据分析支持下，船舶管理和操作也能够获得有力支持。为推进智能船舶发展，我国还陆续出台了智能船舶相关的发展战略与行业规划，如《智能船舶规范》和《智能船舶发展行动计划（2019—2021 年）》加速推进了我国智能船舶技术进步。

图 1-10　智能船舶"大智"号

思考与练习

1. 智能船舶的概念是什么？

2. 智能船舶区别于普通有人船舶有哪些特点？

3. 请调研国内外典型的小型无人艇，并思考小型无人艇的载体部分主要组成有哪些。

4. 从自主能力角度来看，无人艇的分类有哪些？当前要实现完全自主面临的困难和挑战有哪些？

5. 大型船舶智能化与小型无人艇智能化有哪些异同？

第 2 章　无人艇运动建模与参数辨识

2.1　坐标系及运动状态参数定义

本书选取国际拖曳水池会议(International Towing Tank Conference，ITTC)推荐的和造船与轮机工程学会(Society of Naval Architects and Marine Engineers，SNAME)术语公报的体系，建立描述无人艇运动的坐标系。根据该体系的描述，需要建立两套坐标系描述无人艇在运动过程中的位置变化及受力状况，一套是固连于大地的惯性坐标系 $O_e\text{-}X_eY_eZ_e$，又称为静系。虽然在原则上惯性坐标系的原点 O_e 可以选择在地球上的任一位置，但通常情况下，对于短距离航行任务，习惯将其选在出发场地附近的某一合适位置，方便规划航路任务及分析航路执行情况。其坐标轴的正方向选取原则为：$O_e\text{-}X_e$ 轴取正北方向，$O_e\text{-}Y_e$ 轴取正东方向，惯性坐标系采用右手系原则，由此可知，$O_e\text{-}Z_e$ 轴垂直于 X_eY_e 平面，并指向地心方向。此惯性坐标系为描述无人艇相对于地球的绝对位置和姿态提供了基准。另一套是固连于无人艇之上随艇体一同运动的附体坐标系 $O_b\text{-}X_bY_bZ_b$，又称为动系。附体坐标系原点一般选在无人艇的重心位置(或者艇体几何中心位置)。其中，指向无人艇艏部的轴线为 $O_b\text{-}X_b$ 轴正方向，指向无人艇右侧的轴线为 $O_b\text{-}Y_b$ 轴正方向，指向无人艇底部的轴线为 $O_b\text{-}Z_b$ 轴正方向。附体坐标系通常用于描述无人艇在附体坐标系下的运动和受力状态，其示意图如图 2-1 所示。无人艇六自由度运动在坐标系中的相关参数和符号如表 2-1 和表 2-2 所示。

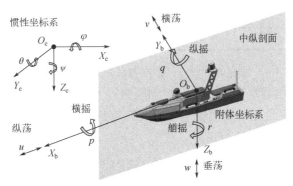

图 2-1　无人艇 6 个自由度运动坐标系定义

从运动控制角度可以把船舶看作刚体，而刚体运动又分解为平动和转动，故无人艇空间运动可看作由平动和转动两部分叠加而成，一部分是跟随点 O_b 的平动，另一部分是绕点 O_b 的转动。因此，通常需要 6 个独立坐标来确定无人艇的空间位置和姿态。从附体坐标系 $O_b\text{-}X_bY_bZ_b$ 看，无人艇的 6 个自由度运动包括跟随 3 个附体坐标轴的平动，以及围绕 3 个附体坐标轴的转动，前者以纵荡速度(surge velocity)u、横荡速度(sway velocity)v、垂荡速度(heave velocity)w 描述，后者以横摇角速度(rolling rate)p、纵摇角速度(pitching rate)q、艏摇角速度(yaw rate)r 描述。从惯性坐标系 $O_e\text{-}X_eY_eZ_e$ 来看，无人艇 6 个自由度运动可用 3 个空间位置 x_0、y_0、z_0(或 3 个空间运动速度 $\dot{x}_0$、$\dot{y}_0$、$\dot{z}_0$)和 3 个姿态角(或欧拉角)，即横滚角(rolling angle)φ、纵倾角(pitching angle)θ、艏向角(heading angle，也称为方位角)ψ(或 3 个角速度 $\dot{\varphi}$、$\dot{\theta}$、$\dot{\psi}$)来描述。

下面在表 2-1 和表 2-2 中给出无人艇在惯性坐标系和附体坐标系中的相关物理量符号定义。

表 2-1　惯性坐标系中的物理量

向量	X_e轴	Y_e轴	Z_e轴	单位
位置坐标	x_0	y_0	z_0	m
姿态角	φ	θ	ψ	rad
速度	$\dot{x}_0$	$\dot{y}_0$	$\dot{z}_0$	m/s
角速度	$\dot{\varphi}$	$\dot{\theta}$	$\dot{\psi}$	rad/s
力	X_E	Y_E	Z_E	N
力矩	K_E	M_E	N_E	N·m

表 2-2　附体坐标系中的物理量

向量	X轴	Y轴	Z轴	单位
位置坐标	x'	y'	z'	m
姿态角	γ	α	β	rad
速度	u	v	w	m/s
角速度	p	q	r	rad/s
力	X	Y	Z	N
力矩	K	M	N	N·m

在表 2-1 和表 2-2 中，速度与合力对应的物理量以沿着对应坐标轴方向为正方向；角速度与合力矩对应的物理量以绕对应坐标轴顺时针方向(从坐标系原点向对应轴向看)为正方向。姿态角用于表达无人艇在惯性坐标系下的姿态，横滚角 φ 以右倾为正，纵倾角 θ 以抬艏为正，艏向角 ψ 以右转为正。

研究船舶运动建模时，常做两个基本假设：①船舶是一个刚体；②大地参照系是惯性参照系。下面将基于这两个基本假设进行建模方程推导。

2.2　运动学建模

通常研究无人艇水平面运动问题(如航路跟踪、动力定位、自动避碰等)时，无人艇在纵摇、横摇和垂荡三自由度上的运动幅值变化较小，对无人艇的水平面位置影响较小，故如图 2-2 所示，将无人艇 6 个自由度运动简化为水平面三自由度运动。其中，β 为无人艇漂角(drift angle)，假设把艇体水下部分看作小展弦比，这个漂角就相当于冲角，定义为航向与艏向的夹角；ψ 为无人艇的艏向角；r 为无人艇的转艏角速度；U 为无人艇的合速度大小，u、v 为合速度在 X、Y 轴的分量(也称为纵荡速度和横荡速度)；δ 为舵角。此时对于 u、v，有

$$u = U\cos\beta, \quad v = U\sin\beta \tag{2-1}$$

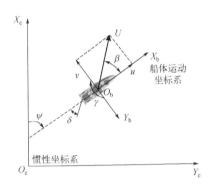

图 2-2　无人艇水平面三自由度运动示意图

运动学模型主要表达无人艇运动在惯性坐标系和附体坐标系之间的转换。假设水平面内任意点 A 在惯性坐标系下的坐标为 (x_0, y_0)，在附体坐标系下的坐标为 (x, y)，则满足关系式(2-2)：

$$\begin{cases} x_0 - x_{0G} = x\cos\psi - y\sin\psi \\ y_0 - y_{0G} = x\sin\psi + y\cos\psi \end{cases} \tag{2-2}$$

式中，(x_{0G}, y_{0G}) 为附体坐标系原点在惯性坐标系内的坐标。

接着，两个坐标系下的速度也满足关系式(2-3)：

$$\begin{cases} \dot{x}_{0G} = u\cos\psi - v\sin\psi \\ \dot{y}_{0G} = u\sin\psi + v\cos\psi \end{cases} \tag{2-3}$$

将式(2-3)两边同时对时间求导，可得两个坐标系下加速度之间的关系式：

$$\begin{cases} \ddot{x}_{0G} = \dot{u}\cos\psi - \dot{v}\sin\psi - (u\sin\psi + v\cos\psi)\dot{\psi} \\ \ddot{y}_{0G} = \dot{u}\sin\psi + \dot{v}\cos\psi + (u\cos\psi - v\sin\psi)\dot{\psi} \end{cases} \tag{2-4}$$

无人艇的运动既可以用载体坐标下的速度、角速度来描述，也可以用惯性坐标系下的位置、姿态来表示，将式(2-3)写成矩阵形式即可得到无人艇运动学模型为

$$\begin{bmatrix} \dot{x}_0 \\ \dot{y}_0 \\ \dot{\psi} \end{bmatrix} = \begin{bmatrix} \cos\psi & -\sin\psi & 0 \\ \sin\psi & \cos\psi & 0 \\ 0 & 0 & 1 \end{bmatrix} \begin{bmatrix} u \\ v \\ r \end{bmatrix} \tag{2-5}$$

由式(2-2)、式(2-3)和式(2-5)可见，要确定船舶在任意时刻的位置，必须明确附体坐标系内 u、v、r 的变化规律，为此需要进一步建立无人艇运动的动力学方程。

2.3　动力学建模

假定附体坐标系原点位于无人艇重心处，根据牛顿第二定律，在惯性坐标系中可将无人艇运动用式(2-6)表示：

$$\begin{cases} m\ddot{x}_{0G} = X_E \\ m\ddot{y}_{0G} = Y_E \\ I_Z \dot{r} = N \end{cases} \qquad (2\text{-}6)$$

式中，X_E、Y_E 为无人艇所受合外力在惯性坐标系下分量；N 为作用力绕附体坐标系 Z 轴的力矩；m 为无人艇质量；I_Z 为无人艇绕附体坐标系 Z 轴的惯性矩。

将无人艇在惯性坐标系下所受外力转换到附体坐标系下：

$$\begin{cases} X = X_E \cos\psi + Y_E \sin\psi \\ Y = -X_E \sin\psi + Y_E \cos\psi \end{cases} \qquad (2\text{-}7)$$

式中，X、Y 为无人艇所受合外力在附体坐标系下的分量。

联立式(2-4)、式(2-6)和式(2-7)可得到：

$$\begin{cases} m(\dot{u} - vr) = X \\ m(\dot{v} + ur) = Y \\ I_Z \dot{r} = N \end{cases} \qquad (2\text{-}8)$$

当附体坐标系原点不与无人艇重心位置重合时，例如，将其放置于艇体几何中心位置，需要对式(2-8)进行修正，此时无人艇水平面运动的动力学模型变为

$$\begin{cases} m(\dot{u} - vr - x_G r^2) = X \\ m(\dot{v} + ur + x_G \dot{r}) = Y \\ I_Z \dot{r} + m x_G (\dot{v} + ur) = N \end{cases} \qquad (2\text{-}9)$$

式中，x_G 为无人艇重心与附体坐标系原点之间的纵向距离。

2.4　操纵运动模型

无人艇操纵运动模型是用于精确描述无人艇在进行各种航行操作(如转向、加速、减速、保持特定航向等)时，其运动状态(包括位置、速度、姿态等)随时间变化的情况。目前，国际上发展较为完善、应用较为广泛的船舶水动力数学模型大致可分为：整体型模型和分离型模型两大类。这些模型既可用于构建高保真的船舶运动模拟器，也可用于基于模型的船舶运动控制器设计。两类模型分别介绍如下。

2.4.1　整体型模型

无人艇操纵运动整体型模型也称为 Abkowitz 模型，主要指美国 Abkowitz 教授于 1964

年提出的一种非线性数学模型。该模型将无人艇的艇体、桨和舵视为一个整体，将作用于无人艇上的水动力视为对艇体自身运动状态变量及操纵机构设定参数的函数，从数学角度看足够完整和严密。当工程应用时，通常在无人艇保持匀速直线航行的特定条件下，对该水动力非线性函数运用泰勒级数法展开近似，一般展开包含至多三阶项程度即能满足工程精度需求。

从总体考虑式(2-8)或式(2-9)中右侧的水动力和力矩时，可表达为平动速度 (u,v)、转动角速度 (r)、它们的时间导数 $(\dot{u},\dot{v},\dot{r})$、舵角 (δ) 以及螺旋桨转速 (n) 的非线性函数：

$$\begin{cases} X = X(u,v,r,\dot{u},\dot{v},\dot{r},\delta,n) \\ Y = Y(u,v,r,\dot{u},\dot{v},\dot{r},\delta,n) \\ N = N(u,v,r,\dot{u},\dot{v},\dot{r},\delta,n) \end{cases} \tag{2-10}$$

将水动力和力矩 X、Y、N 的三阶泰勒展开级数代入式(2-9)可得

$$\begin{cases} (m - X_{\dot{u}})\dot{u} = f_1(u,v,r,\delta) \\ (m - Y_{\dot{v}})\dot{v} + (mx_G - Y_{\dot{r}})\dot{r} = f_2(u,v,r,\delta) \\ (mx_G - N_{\dot{v}})\dot{v} + (I_Z - N_{\dot{r}})\dot{r} = f_3(u,v,r,\delta) \end{cases} \tag{2-11}$$

其中

$$\begin{aligned} f_1 =\ & X_u u + X_{uu} u^2 + X_{uuu} u^3 + X_{vv} v^2 + X_{rr} r^2 + X_{\delta\delta} \delta^2 + X_{\delta\delta u} \delta^2 u + X_{vr} vr + X_{v\delta} v\delta \\ & + X_{v\delta u} v\delta u + X_{vvu} v^2 u + X_{rru} r^2 u + X_{vru} vru + X_{r\delta} r\delta + X_{r\delta u} r\delta u + X_0 \end{aligned} \tag{2-12}$$

$$\begin{aligned} f_2 =\ & Y_u u + Y_{uu} u^2 + Y_v v + Y_r r + Y_\delta \delta + Y_{vvv} v^3 + Y_{\delta\delta\delta} \delta^3 + Y_{vvr} v^2 r + Y_{vv\delta} v^2 \delta + Y_{v\delta\delta} v\delta^2 \\ & + Y_{\delta u} \delta u + Y_{vu} vu + Y_{ru} ru + Y_{\delta uu} \delta u^2 + Y_{rrr} r^3 + Y_{vrr} vr^2 + Y_{vuu} vu^2 + Y_{ruu} ru^2 \\ & + Y_{r\delta\delta} r\delta^2 + Y_{\delta rr} \delta r^2 + Y_{vr\delta} vr\delta + Y_0 \end{aligned} \tag{2-13}$$

$$\begin{aligned} f_3 =\ & N_u u + N_{uu} u^2 + N_v v + N_r r + N_\delta \delta + N_{vvv} v^3 + N_{\delta\delta\delta} \delta^3 + N_{vvr} v^2 r + N_{vv\delta} v^2 \delta \\ & + N_{v\delta\delta} v\delta^2 + N_{\delta u} \delta u + N_{vu} vu + N_{ru} ru + N_{\delta uu} \delta u^2 + N_{rrr} r^3 + N_{vrr} vr^2 \\ & + N_{vuu} vu^2 + N_{ruu} ru^2 + N_{r\delta\delta} r\delta^2 + N_{\delta rr} \delta r^2 + N_{vr\delta} vr\delta + N_0 \end{aligned} \tag{2-14}$$

式中，方程组右端的 f_1、f_2、f_3 代表了无人艇速度、角速度和舵角的非线性函数组合，其中包含了一阶到三阶的水动力导数；X_0、Y_0、N_0 表示做匀速直线运动时的受力，其中 Y_0 和 N_0 还包括了各种由于艇体不对称因素导致的影响；X_u、Y_u、Y_v、Y_r、Y_δ、N_u、N_v、N_r、N_δ 表示线性类水动力导数(如平动速度、转动角速度、转舵角度等导数)；其他均表示非线性类水动力导数(如平动加速度、角加速度等导数)。

Abkowitz 模型的构建原则是以无人艇在匀速直线航行状态下的运动状态为平衡点。因此，式(2-12)~式(2-14)中的运动状态变量和控制变量均可表示为该匀速直线航行状态下的对应量的微小扰动形式：

$$u = u_0 + \Delta u, \quad v = \Delta v, \quad r = \Delta r, \quad \delta = \Delta \delta, \quad \dot{u} = \Delta \dot{u}, \quad \dot{v} = \Delta \dot{v}, \quad r = \Delta \dot{r} \tag{2-15}$$

式中，Δu、Δv、Δr、$\Delta \delta$、$\Delta \dot{u}$、$\Delta \dot{v}$、$\Delta \dot{r}$ 分别为无人艇匀速直线航行状态下的速度、角速度、舵角、加速度和角加速度的扰动量。

一般情况下，会将式(2-11)～式(2-14)中的相关物理量无因次化，以便于模型船和实船之间的换算：

$$m' = \frac{m}{\frac{1}{2}\rho L^3}, \quad x'_G = \frac{x_G}{L}, \quad I'_z = \frac{I_z}{\frac{1}{2}\rho L^5}, \quad \Delta u' = \frac{\Delta u}{U}, \quad \Delta v' = \frac{\Delta v}{U}, \quad \Delta r' = \frac{L\Delta r}{U}$$

$$\Delta \delta' = \Delta \delta, \quad \Delta \dot{u}' = \frac{\Delta \dot{u}}{U^2/L}, \quad \Delta \dot{v}' = \frac{\Delta \dot{v}}{U^2/L}, \quad \Delta \dot{r}' = \frac{\Delta \dot{r}}{U^2/L^2}$$

$$X'_u = \frac{X_u}{\frac{1}{2}\rho L^2 U}, \quad Y'_v = \frac{Y_v}{\frac{1}{2}\rho L^2 U}, \quad Y'_r = \frac{Y_r}{\frac{1}{2}\rho L^3 U}, \quad N'_v = \frac{N_v}{\frac{1}{2}\rho L^3 U}, \quad N'_r = \frac{N_r}{\frac{1}{2}\rho L^4 U} \tag{2-16}$$

$$X'_{\dot{u}} = \frac{X_{\dot{u}}}{\frac{1}{2}\rho L^3}, \quad Y'_{\dot{v}} = \frac{Y_{\dot{v}}}{\frac{1}{2}\rho L^3}, \quad Y'_{\dot{r}} = \frac{Y_{\dot{r}}}{\frac{1}{2}\rho L^4}, \quad N'_{\dot{v}} = \frac{N_{\dot{v}}}{\frac{1}{2}\rho L^4}, \quad N'_{\dot{r}} = \frac{N_{\dot{r}}}{\frac{1}{2}\rho L^5}$$

式中，ρ 为流体密度；U 为无人艇合速度；L 为无人艇艇长。

整体型模型本质上是将作用于无人艇的水动力与力矩表达为一系列影响因素的函数关系，并采用泰勒级数展开方式来予以近似描述。该模型优点在于将无人艇艇体、桨、舵看成一个整体，表达式内部已经考虑了它们之间的复杂耦合作用效果，同时也考虑到各种影响因素，理论上非常完备。然而，整体性模型的水动力系数的数量过多，并非所有水动力系数都有较为明确的物理意义，从实际应用角度来看，确定实艇对象的众多水动力系数难度非常大、模型参数获取成本高，因此不利于工程应用。

2.4.2 分离型模型

分离型模型是日本操纵性数学建模小组(mathematical modeling group，MMG)于 20 世纪 70 年代末提出的，也称为 MMG 模型。该模型认为数学模型中的水动力系数应当有明确的物理含义，同时也应便于求得系数和进行有针对性的局部修改。因此，分离型模型单独考虑无人艇艇体、桨和舵的水动力性能及其耦合影响。由于耦合影响因素通常占比不大，数量级可以忽略，且试验求解存在一定困难，因此在简化考虑时，通常只讨论艇体、桨、舵的三个单元的作用力和力矩，分解后各项物理意义的含义更清楚。经过多年发展，目前分离型模型已成为工程上满足一定精度要求的广泛使用模型。

例如，通常研究无人艇运动控制问题时，考虑水平面三自由度分离型模型，方程如式 (2-17) 所示：

$$\begin{cases} (m-X_{\dot{u}})\dot{u} - (m-Y_{\dot{v}})vr = X_H + X_P + X_R \\ (m-Y_{\dot{v}})\dot{v} + (m-X_{\dot{u}})ur = Y_H + Y_P + Y_R \\ (I_z-N_{\dot{r}})\dot{r} = N_H + N_P + N_R \end{cases} \tag{2-17}$$

式中，下标 H、P、R 分别表示受到流体动力和力矩的裸艇体、螺旋桨、舵。此处忽略它们之间相互干涉产生的流体动力和力矩，通常这些耦合项难以试验求解且占比不大，可以忽略。

根据流体动力学性质，裸艇体受到的阻力 X_H、Y_H 和阻力矩 N_H，可以分解为惯性类与黏性类水动力和力矩。其中，惯性类水动力和力矩理论上可用流体力学势流理论来求解，主要考虑船舶运动时带动周围流体跟随运动导致的周围流体的附加质量和附加惯性矩。这些由船舶传递给周围流体的作用力和力矩而引起周围流体的运动产生的对艇体的反作用力和力矩就是艇体所受的惯性类水动力。艇体受到的黏性类水动力通常则是由于艇体航行漂角的存在产生了额外的升阻力，类似于机翼在空气中的升力效应，因此常用细长体升力理论和小展弦比升力面理论求解线性或弱非线性项。对于强非线性特征的黏性类水动力，则需要采用泰勒级数展开相关项，并进一步用拘束船模试验求解，因为直接理论求解难度大、误差大。

对于裸艇体惯性类水动力 X_l、Y_l 及力矩 N_l，其理论计算表达式为

$$\begin{cases} X_l = -\left(\dfrac{\mathrm{d}\overline{K}}{\mathrm{d}t}\right)_x = -(m_x\dot{u} - m_y vr - m_y a_x r^2) \\ Y_l = -\left(\dfrac{\mathrm{d}\overline{K}}{\mathrm{d}t}\right)_y = -(m_y\dot{v} + m_x ur + m_y a_x \dot{r}) \\ N_l = -\left(\dfrac{\mathrm{d}\overline{I_0}}{\mathrm{d}t}\right)_z = -[J_{zz}\dot{r} + m_y a_x(\dot{v} + ur) + (m_y - m_x)uv] \end{cases} \tag{2-18}$$

式中，$\overline{K}$ 为流体实体的动量。当流体区域半径趋于无穷大时，$\overline{K}$ 称为附加动量。

对于裸艇体黏性类水动力 X_H、Y_H 及力矩 N_H，当无人艇操纵运动的漂角较小时，可用细长体升力理论或小展弦比升力面理论来估算。但是，线性模型通常具有很大误差，非线性黏性水动力因数不可忽视。因此，通常在 MMG 模型研究中将黏性类流体动力和力矩分成线性项和非线性项，表示为

$$\begin{cases} X_H = X_{NL} \\ Y_H = Y_L + Y_{NL} \\ N_H = N_L + N_{NL} \end{cases} \tag{2-19}$$

由于船舶外形左右对称，纵向力 X_H 中不存在线性项。而横向力 Y_H 和转艏力矩 N_H 中的线性项主要由升力引起，物理意义明确，可采用细长体升力理论方法估算，主要与无人艇纵荡速度和转艏角速度有关，其表达式为

$$\begin{cases} Y_H(v,r) = -\dfrac{\rho}{2}V^2 Ld\dfrac{\pi}{2}\lambda C\eta\left(\dfrac{v}{V}\right) + \dfrac{\rho}{2}V^2 Ld\dfrac{\pi}{4}\lambda C\left(\dfrac{Lr}{V}\right) \\ N_H(v,r) = -\dfrac{\rho}{2}V^2 L^2 d\dfrac{\pi}{2}\lambda C(2-\eta)\left(\dfrac{v}{V}\right) - \dfrac{\rho}{2}V^2 L^2 d\dfrac{\pi}{8}\lambda C\left(\dfrac{Lr}{V}\right) \end{cases} \tag{2-20}$$

式中，$C(x)$ 称为 x 处横截面的附加惯性系数，它是该截面的附加质量与以吃水为半径的圆盘附加质量的无量纲比值，表明附加质量分布的相对强度。

对于横向力 Y_H 和转艏力矩 N_H 中的非线性项，则假设对于一般船型一定的无人艇，其在给定的流体中缓慢运动时，无人艇黏性类水动力仅与瞬时运动状态有关，而与运动的整个历史过程无关。这样非线性项就主要取决于操纵运动状态，可表示为

$$\begin{cases} X_H = X(u,v,r) \\ Y_H = Y_L(u,v,r) \\ N_H = N(u,v,r) \end{cases} \tag{2-21}$$

进一步采用泰勒级数展开式(2-21)的三阶以内项，则非线性横向力和转艏力矩可表达为

$$\begin{cases} Y_{NL} = Y_{vvv}v^3 + Y_{vvr}v^2r + Y_{vrr}vr^2 + Y_{rrr}r^3 \\ N_{NL} = N_{vvv}v^3 + N_{vvr}v^2r + N_{vrr}vr^2 + N_{rrr}r^3 \end{cases} \tag{2-22}$$

式中，考虑了横向速度 v 和转艏角速度 r 的耦合项，模型精度更高，采用拖曳试验可获得更为准确的黏性类流体作用力模型。

对于舵叶产生的力和力矩，其表达式为

$$\begin{cases} X_R = (1 - t_R)F_N \sin\delta \\ Y_R = (1 + \alpha_H)F_N \cos\delta \\ N_R = (x_R + \alpha_H x_H)F_N \cos\delta \end{cases} \tag{2-23}$$

式中，t_R 为舵的阻力减额系数；F_N 为舵所承受的正压力；α_H 为操舵诱导横向力后关于舵力的修正因子；x_R 为舵力作用中心点到无人艇重心的纵向距离；x_H 为操舵诱导艇体横向力作用点到无人艇重心的纵向距离，其中舵的正压力表达式为

$$F_N = \frac{1}{2}\rho A_R f_a U_R^2 \sin\alpha_R \tag{2-24}$$

式中，U_R 为舵处的有效流速；A_R 为舵叶的面积；f_a 为舵展弦比的函数；α_R 为舵处的有效冲角。

由于舵处有效来流的横向分量比纵向分量小得多，故此处在忽略舵处有效来流的横向分量的情况下，可以用无人艇前向速度 u 代替舵处的有效流速 U_R，舵角 δ 代替舵处的有效冲角 α_R，故舵产生力和力矩的可表示为

$$\begin{cases} X_R = X_\delta u^2 \sin\delta \sin\delta \\ Y_R = Y_\delta u^2 \sin\delta \cos\delta \\ N_R = N_\delta u^2 \sin\delta \cos\delta \end{cases} \tag{2-25}$$

式中，X_δ、Y_δ、N_δ 为与舵本身特性相关的系数运算结果，可表示为

$$\begin{cases} X_\delta = 0.5\rho A_R f_a (1 - t_R) \\ Y_\delta = 0.5\rho A_R f_a (1 + \alpha_H) \\ N_\delta = 0.5\rho A_R f_a (x_R + \alpha_H x_H) \end{cases} \tag{2-26}$$

对于单桨单舵形式的动力装置，螺旋桨通常布置在中轴线上，主要产生前进的推进力，螺旋桨旋转对船绕 X 轴产生的反扭矩通常较小，可由船舶稳性决定的回复力矩平衡，因此在实际水平面运动建模中，通常仅考虑沿 X 轴的推进力，简化表达式为

$$\begin{cases} X_P = (1 - t_p)\rho n^2 D_p^4 k_T J_p \\ Y_P = 0 \\ N_P = 0 \end{cases} \tag{2-27}$$

式中，t_p 为螺旋桨的推力减额系数；D_p 为螺旋桨的直径；J_p 为进速系数；k_T 为螺旋桨的推力系数；n 为螺旋桨转速。其中 J_p 的表达式为

$$J_p = \frac{u}{nD_p} \tag{2-28}$$

经整理可得到，无人艇三自由度模型的最终表达式为

$$
\begin{cases}
(m - X_{\dot{u}})\dot{u} - (m - Y_{\dot{v}})vr = X_{uu}u^2 + X_{vv}v^2 + X_{rr}r^2 + X_{vr}vr + X_n nu + X_\delta u^2 \sin\delta\sin\delta \\
(m - Y_{\dot{v}})\dot{v} + (m - X_{\dot{u}})ur = Y_v v + Y_{v|v|}v|v| + Y_r r + Y_{r|r|}r|r| + Y_{|v|r}|v|r + Y_\varphi\varphi + Y_\delta u^2 \sin\delta\cos\delta \\
(I_Z - N_{\dot{r}})\dot{r} = N_r r + N_{r|r|}r|r| + N_v v + N_{vvr}vvr + N_{vrr}vrr + N_\varphi\varphi + N_\delta u^2 \sin\delta\cos\delta
\end{cases} \tag{2-29}
$$

2.5　模型参数辨识方法

模型参数辨识是一种通过处理系统的输入和输出数据来估计系统模型参数的方法。构建船舶操纵运动模型后，结合具体实船案例通常需要实例化确定模型各项参数，实现船舶运动方程能够准确刻画无人艇的运动状态响应，才能在不同应用场景中发挥特定作用。通常，船舶操纵运动在线建模属于系统辨识领域，可分为参数辨识和非参数辨识，其中参数辨识常采用经典最小二乘算法及其改进方法，而非参数辨识则考虑高斯过程回归等数据驱动手段。本书着眼于介绍无人艇运动建模领域共性基础理论和常用设计方法，因此将主要介绍经典最小二乘算法及其模型参数辨识。

2.5.1　最小二乘辨识方法原理

最小二乘法是一种有效的系统辨识方式,采用最小二乘法进行系统辨识可以大大减小平方损失函数带来的均方根误差，从而使得识别模型与实际模型的偏差得到显著降低。此外，该方法的结构简单，不仅能够进行批量辨识和在线辨识，还能够满足多种复杂的线性系统和非线性系统的辨识要求。许多用于参数辨识的算法都基于最小二乘法，是它的改进或引申，故最小二乘法是应用最广泛、发展得较为成熟的算法。最小二乘法的种类繁多，包括加权最小二乘法、全局最小二乘法、偏最小二乘法和多级最小二乘法。

对于一个多输入单输出的系统，有

$$\boldsymbol{Y} = \boldsymbol{X}\boldsymbol{\theta}, \quad \boldsymbol{X} \in \mathbf{R}^m, \quad \boldsymbol{Y} \in \mathbf{R} \tag{2-30}$$

根据式(2-30)，可以得到 $\boldsymbol{\theta}$ 的唯一解 $\hat{\boldsymbol{\theta}} = \boldsymbol{X}^{-1} \cdot \boldsymbol{Y}$。定义误差量为 $\boldsymbol{\varepsilon} = \boldsymbol{Y} - \boldsymbol{X}\boldsymbol{\theta}$，则可得目标函数为

$$\min J = \sum_{i=1}^n \varepsilon_i^2 = \boldsymbol{\varepsilon}^{\mathrm{T}}\boldsymbol{\varepsilon} \tag{2-31}$$

式中，n 为样本数目。

为求得目标函数的最小值，需要对 J 求 $\boldsymbol{\theta}$ 的偏导数，并令偏导为零，则有

$$\left.\frac{\partial J}{\partial \boldsymbol{\theta}}\right|_{\boldsymbol{\theta}=\hat{\boldsymbol{\theta}}} = \frac{\partial}{\partial \boldsymbol{\theta}}(\boldsymbol{Y} - \boldsymbol{X}\hat{\boldsymbol{\theta}})^{\mathrm{T}}(\boldsymbol{Y} - \boldsymbol{X}\hat{\boldsymbol{\theta}}) = -2\boldsymbol{X}^{\mathrm{T}}Y + 2\boldsymbol{X}^{\mathrm{T}}\boldsymbol{X}\hat{\boldsymbol{\theta}} = 0 \tag{2-32}$$

求解式(2-32)可得，待辨识参数 $\boldsymbol{\theta}$ 的最小二乘估计值为

$$\hat{\boldsymbol{\theta}} = (\boldsymbol{X}^{\mathrm{T}}\boldsymbol{X})^{-1}\boldsymbol{X}^{\mathrm{T}}\boldsymbol{Y} \tag{2-33}$$

2.5.2 无人艇三自由度辨识模型

基于无人艇三自由度分离型模型(式(2-29))，改写最小二乘法待辨识的方程形式如式 (2-34) 所示：

$$\begin{cases} \dot{u} = \boldsymbol{X}_t \boldsymbol{A}_t \\ \dot{v} = \boldsymbol{Y}_t \boldsymbol{B}_t \\ \dot{r} = \boldsymbol{N}_t \boldsymbol{D}_t \end{cases} \tag{2-34}$$

式中，$\boldsymbol{X}_t$、$\boldsymbol{Y}_t$、$\boldsymbol{N}_t$ 表示数值模拟记录的相关数据；$\boldsymbol{A}_t$、$\boldsymbol{B}_t$、$\boldsymbol{D}_t$ 表示待辨识的系数，分别如下所示：

$$\begin{cases} \boldsymbol{X}_t = [u^2 \quad v^2 \quad r^2 \quad vr \quad nu \quad u^2\sin\delta\sin\delta] \\ \boldsymbol{Y}_t = [v \quad v|v| \quad r \quad r|r| \quad |v|r \quad ur \quad \varphi \quad u^2\sin\delta\cos\delta] \\ \boldsymbol{N}_t = [r \quad r|r| \quad v \quad vvr \quad vrr \quad \varphi \quad u^2\sin\delta\cos\delta] \\ \boldsymbol{A}_t = \left[\dfrac{X_{uu}}{m-X_{\dot{u}}} \quad \dfrac{X_{vv}}{m-X_{\dot{u}}} \quad \dfrac{X_{rr}}{m-X_{\dot{u}}} \quad \dfrac{X_{vr}+m-Y_{\dot{v}}}{m-X_{\dot{u}}} \quad \dfrac{X_n}{m-X_{\dot{u}}} \quad \dfrac{X_\delta}{m-X_{\dot{u}}} \right]^{\mathrm{T}} \\ \boldsymbol{B}_t = \left[\dfrac{Y_v}{m-Y_{\dot{v}}} \quad \dfrac{Y_{v|v|}}{m-Y_{\dot{v}}} \quad \dfrac{Y_r}{m-Y_{\dot{v}}} \quad \dfrac{Y_{r|r|}}{m-Y_{\dot{v}}} \quad \dfrac{Y_{|v|r}}{m-Y_{\dot{v}}} \quad \dfrac{m-X_{\dot{u}}}{m-Y_{\dot{v}}} \quad \dfrac{Y_\varphi}{m-Y_{\dot{v}}} \quad \dfrac{Y_\delta}{m-Y_{\dot{v}}} \right]^{\mathrm{T}} \\ \boldsymbol{D}_t = \left[\dfrac{N_r}{I_Z-N_{\dot{r}}} \quad \dfrac{N_{r|r|}}{I_Z-N_{\dot{r}}} \quad \dfrac{N_v}{I_Z-N_{\dot{r}}} \quad \dfrac{N_{vvr}}{I_Z-N_{\dot{r}}} \quad \dfrac{N_{vrr}}{I_Z-N_{\dot{r}}} \quad \dfrac{N_\varphi}{I_Z-N_{\dot{r}}} \quad \dfrac{N_\delta}{I_Z-N_{\dot{r}}} \right]^{\mathrm{T}} \end{cases} \tag{2-35}$$

令

$$\begin{cases} \boldsymbol{A}_t = [a_1 \quad a_2 \quad a_3 \quad a_4 \quad a_5 \quad a_6]^{\mathrm{T}} \\ \boldsymbol{B}_t = [b_1 \quad b_2 \quad b_3 \quad b_4 \quad b_5 \quad b_6 \quad b_7 \quad b_8]^{\mathrm{T}} \\ \boldsymbol{D}_t = [d_1 \quad d_2 \quad d_3 \quad d_4 \quad d_5 \quad d_6 \quad d_7]^{\mathrm{T}} \end{cases} \tag{2-36}$$

结合式(2-35)可知式(2-36)中 $\boldsymbol{A}_t$、$\boldsymbol{B}_t$、$\boldsymbol{D}_t$ 的各元素表达式，实际上它们是中间参数的辨识结果，是包含了诸多水动力导数和无人艇本身几何参数的表达式。以 a_1、b_1、d_1 为例，有

$$a_1 = \frac{X_{uu}}{m-X_{\dot{u}}}, \quad b_1 = \frac{Y_v}{m-Y_{\dot{v}}}, \quad d_1 = \frac{N_r}{I_Z-N_{\dot{r}}} \tag{2-37}$$

2.6 模型参数辨识试验验证

基于实艇操纵性自航试验获取数据，用于无人艇操纵运动模型相关参数的辨识。无人艇完成 Z 形和回转的操纵性试验，并分析数据筛选出用于参数辨识的有效信息。最后，

利用最小二乘法，辨识得到无人艇三自由度模型参数，基于辨识结果构建无人艇操纵运动数学模型并通过仿真对比验证模型精度。

2.6.1　无人艇操纵性试验对象与步骤

本书模型参数辨识试验验证采用如图 2-3 所示的小型无人艇，具体尺度参数如表 2-3 所示。在相对平静的环境下进行无人艇操纵性试验，如图 2-4 所示，忽略风浪流环境干扰对无人艇航行的影响。

(a) 侧视图　　　　　　　　　　　　　　　　　　(b) 俯视图

图 2-3　操纵性试验 175 无人艇实物图

表 2-3　175 无人艇相关参数

名称	艇长/m	艇宽/m	型深/m	最大航速/kn	最大续航时间/h
175-USV	1.75	0.62	0.75	7	6

图 2-4　操纵性试验 175 无人艇试验实拍

2.6.2　Z 形操纵性试验步骤及结果分析

以 175-USV 为对象，当无人艇油门保持在某一恒定值下前进时，Z 形操纵性试验根据以下步骤进行。

(1) 舵从 0°位置到右舵角 δ 位置。保持直航到船舶航向向右偏移角 ψ。

(2) 舵从右舵角 δ 位置到左舵角 δ 位置。保持当前舵角直到船舶航向向左偏移角 ψ，完成第一次超越。

(3) 舵从左舵角 δ 位置到右舵角 δ 位置。保持当前舵角直到船舶航向向右偏移角 ψ，完成第二次超越。

(4) 舵继续从右舵角 δ 位置到左舵角 δ 位置，重复步骤(2)和(3)。

在完成两个以上完整周期后，试验预期结果如图 2-5 所示，可结束该特定工况的试验。通常，航向角 ψ 的取值规则为：从正北开始，按顺时针方向取 0°～360°；舵角 δ 以右舵为正。

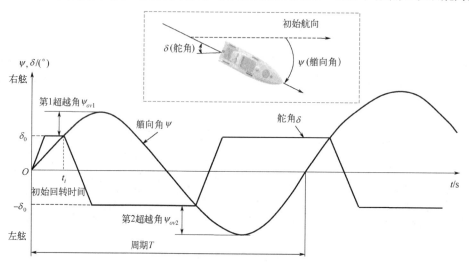

图 2-5　Z 形操纵性试验舵角 δ 和艏向角 ψ 时历曲线

如图 2-5 所示，超越角 ψ_{ov1} 和 ψ_{ov2} 和周期 T 为 Z 形操纵性试验的关键指标。超越角用于描述无人艇反向操舵时，其艏向对于操舵指令的滞后现象。这一现象出现的原因是当无人艇反向操舵时，尽管舵角会立即变化，但转舵力矩所造成的转艏角速度需要一定的时间由正变负（或由负变正），体现在艏向角上则是当舵角变化时，艏向角并不会立即改变变化趋势，而是继续沿原趋势变化直至转艏角速度为 0，此时艏向角与刚刚操舵时的艏向角的差值即为超越角。超越角越小，说明无人艇在操舵时的响应性能越好，具有良好的操纵性，能够适应快速变换航向或者狭窄水域的操作，相反，如果超越角过大，意味着在操舵后无人艇仍会沿着原方向前进较长时间，很可能会影响无人艇的机动性和安全性。周期为开始操舵和随后反向操舵转艏完成一个完整循环所需要的时间，通过计算 Z 形试验中转向点之间的时间间隔，就可以得到无人艇 Z 形试验的周期，周期越短说明无人艇在频繁操舵时越能够快速地响应，有较好的机动性。

根据 Z 形操纵性试验的原理，完成同一推进器输入条件（速度不变，约为 4kn）下不同舵角的 Z 形操纵性试验。图 2-6 展示了 30°/30° 的 Z 形操纵性试验结果，包括无人艇的航迹、横摇角、舵角和艏向角时历曲线，以及前向速度、横向速度和转艏角速度的时历曲线。从试验数据可见，Z 形操纵性试验中，无人艇的航行轨迹为如预期所示的 Z 字形路线。随着每次舵角的改变，无人艇的前向速度、横向速度以及转艏角速度均表现出明显的周期性波动，这是由于舵面转动导致舵力变化，进而引发的速度大小和方向的变化。与此同时，艏向角和横摇角也随舵角的改变而发生相应变化，两者的变化规律与舵角变化相对应。实际的试验环境中存在诸多不可控因素，加之传感器在数据采集过程中可能存在的误差和局限性，故横摇角和速度曲线并未呈现出理想的平滑曲线特征。

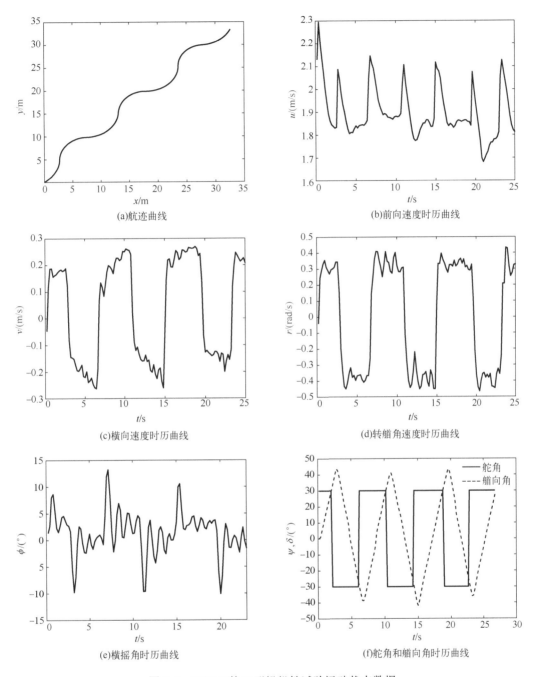

图 2-6　30°/30°的 Z 形操纵性试验运动状态数据

表 2-4 为三种工况下的超越角和周期，从表中数据可以看出，在 10°/10°舵角工况下，超越角为 3.45°，而在 20°/20°和 30°/30°工况时，超越角相应增加至 5.67°和 10.79°。这意味着在更大舵角的操纵情况下，无人艇在接收到反向操舵指令后，艏向相对于指令的滞后程度更加明显，需要更长的时间才能完全改变原有航向趋势。超越角的大小直接影响了无人艇的即时响应能力和在复杂水域中的机动性，较小的超越角通常代表更好的操纵性

能。与超越角类似，10°/10°工况下周期为 6.8s，随着工况变为 20°/20° 和 30°/30°，周期延长至 7.3s 和 8.4s。周期长短体现了无人艇在 Z 形试验中连续执行操舵动作后的恢复速度，即从开始操舵到完成一次反向操舵所需的时间。较短的周期意味着无人艇在连续变换航向时反应迅速，拥有较高的瞬时转弯能力和整体机动性能。

表 2-4　Z 形操纵性试验特征参数

工况	超越角 ψ_{ov} / (°)	周期 T/s
10°/10°	3.45	6.8
20°/20°	5.67	7.3
30°/30°	10.79	8.4

2.6.3　回转操纵性试验步骤及结果分析

回转操纵性试验被用来评估船舶的回转性，一般分别进行操左舵或者操右舵的回转试验，如图 2-7 所示。本次试验船舶推进方式为双推进器推进，两台推进器可同步转动，也可差速转动。

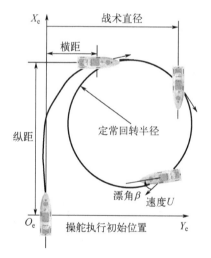

图 2-7　回转操纵性试验时历曲线

回转操纵性试验的步骤如下。

(1) 船舶以规定航速沿初始航向做匀速直线运动。

(2) 下操舵指令将全部推进器差速至预设值，并保持该值不变。

(3) 当艏向角改变量达到 540°时，停止试验和数据记录。

一种典型的回转操纵性试验所记录的水平位置运动数据如图 2-8 所示。在试验期间，主要测量数据包括无人艇位置、前向速度及加速度、横向速度及加速度、转艏速度及加速度、纵倾速度及加速度、横摇速度及加速度、垂荡速度及加速度、舵叶旋转角度、推进器转速。

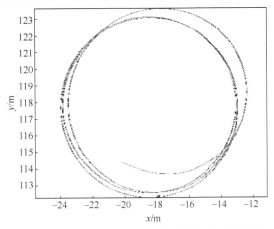

图 2-8　回转操纵性试验 30°舵角运动状态数据

2.6.4　无人艇辨识模型验证

通过最小二乘法得到的辨识结果如式 (2-38) 所示:

$$\begin{cases} \boldsymbol{A}_t = [-0.4201 \quad -2.63653 \quad 3.438837 \quad -1.81375 \quad 0.0028741 \quad -0.04562]^{\mathrm{T}} \\ \boldsymbol{B}_t = [-1.99905 \quad 3.0526 \quad 1.582565 \quad -0.20725 \quad 1.335188 \quad -0.84247 \quad 0.170547]^{\mathrm{T}} \\ \boldsymbol{D}_t = [-1.09263 \quad -0.98398 \quad 0.09783 \quad -6.26705 \quad 5.085194 \quad 0.308519]^{\mathrm{T}} \end{cases} \quad (2\text{-}38)$$

为了验证最小二乘法在无人艇操纵运动分离型模型参数辨识中的精度,利用辨识结果得到的参数值,针对不同角度的 Z 形操纵运动 (15°/15°、22.5°/22.5°、30°/30°、37.5°/37.5°) 和回转操纵运动 (7.5°、15°、22.5°、30°、37.5°、45°) 进行仿真试验。在每个角度下,分别进行基于最小二乘法辨识运动模型得到的操纵运动仿真试验。回转仿真试验中,回转直径误差数据如表 2-5 所示,航迹对比曲线如图 2-9 所示,结果显示 175-USV 模型修正后回转直径平均误差为 2.3%。

表 2-5　回转直径误差

回转试验舵角/(°)	试验/m	仿真/m	误差/%
7.5	32.34	33.669	4.11
15	18.84	18.433	−2.16
22.5	12.8	13.21	3.20
30	10.9	10.94	0.37
37.5	9.6	9.81	2.19
45	9.63	9.46	−1.77

Z 形试验中,其超越角与周期误差数据如表 2-6 所示,航迹对比曲线如图 2-10 所示,结果显示 175-USV 模型修正后超越角平均误差为 3.74%,周期平均误差为 13.88%。

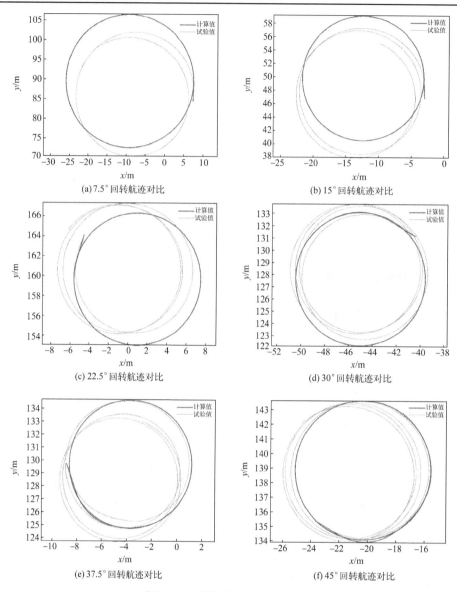

图 2-9　回转试验航迹曲线对比

表 2-6　Z 形试验超越角与周期误差

工况	超越角/(°)			周期/s		
Z 形试验角/(°)	试验	仿真	误差/%	试验	仿真	误差/%
15/15	6.848	7.162	4.59	7.7	8.8	14.29
22.5/22.5	9.655	9.682	0.28	7.9	9.2	16.46
30/30	11.273	10.654	−5.49	8.7	9.7	11.49
37.5/37.5	13.635	14.2627	4.60	9.8	11.1	13.27

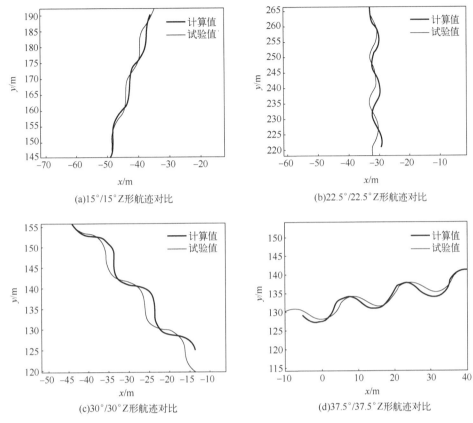

图 2-10 Z 形试验航迹曲线对比

思考与练习

1. 描述无人艇运动所需的坐标系有哪些？哪种坐标系满足牛顿第一定律？
2. 无人艇运动学模型和动力学模型的区别是什么？
3. 哪些运动条件下可以合理简化无人艇运动模型为三自由度？
4. 无人艇分离型模型中考虑了哪些主要对象的作用力和力矩？如何求解？
5. 无人艇模型参数辨识的最小二乘法原理是什么？
6. 无人艇 Z 形操纵性试验的步骤是什么？关键特征参数有哪些？物理意义是什么？
7. 图 2-9 和图 2-10 中，仿真试验数据和实际试验数据上有少量偏差，这些偏差产生的原因有哪些？
8. 无人艇 Z 形操纵性试验和回转操纵性试验，测试出的无人艇操纵性能有什么不同含义？

第3章 无人艇推进动力系统原理与设计

3.1 无人艇航行阻力

船舶在水中能够顺利前进，必须克服航行时产生的各种阻碍船舶前进的力，这些对船舶航行造成负面影响的力都称为船舶阻力。按照流体介质的不同可以将船舶阻力分为空气阻力和水阻力。船舶在海上航行时主要受到裸艇体阻力和附加阻力的影响。对无人艇而言，由于其上层建筑较少，且距离海面更近，在空气密度远小于水密度的前提下，无人艇所受空气阻力影响非常小，而水阻力是影响无人艇航行动力选型的主成分。

3.1.1 空气阻力

空气阻力是指船舶航行时艇体在水面以上部分受到空气的阻力，艇体在水面以上的部分越多则空气阻力越大，如无人艇的天线桅杆等甲板以上部件。船舶阻力中空气阻力所占比例通常不大，一般约为2%，对艇体的影响几乎可以忽略。空气阻力 R_A 的简化计算为

$$R_A = \frac{0.90 \times \rho_{air} \times V^2 \times A_{air}}{2} \tag{3-1}$$

式中，ρ_{air} 为空气密度；A_{air} 是水面以上艇体部分的横截面积；V 为船舶航速。

3.1.2 水阻力

尽管船舶阻力受到许多方面因素的影响，总阻力由这些不同介质中引起的阻力叠加而成，但是由于水阻力占主导成分，因此研究船舶阻力时一般着重关注水阻力。

当艇体运动时，由于水的黏性，在艇体周围形成"边界层"，从而使艇体运动过程中受到黏性切应力作用，即艇体表面产生了摩擦力，它在运动方向的合力便是艇体摩擦阻力。另外，由于水具有黏性，旋涡处的水压力下降，从而改变了沿艇体表面的压力分布情况，这种由黏性引起艇体的前后压力不平衡会产生黏压阻力。因此，黏性阻力由摩擦阻力和黏压阻力两部分组成，它与艇体的形状和雷诺数密切相关。此外，当船舶在水上航行时，通常会激起向两侧扩散的波浪。这些波浪的形成需要能量，而这个能量是由运动中的艇体对水体做功提供的。因此，艇体会因为兴波而遭受额外阻力，即兴波阻力(也称为波浪阻力)。兴波阻力的大小与多个因素有关，包括艇体的线型、速度以及吃水深度等。

综上所述，对船舶所受水阻力而言，其大小取决于艇体水下部分的形状、面积、表面粗糙度等诸多因素，可分解为摩擦阻力 R_F、黏压阻力 R_{pv} 和兴波阻力 R_W，如图 3-1 所

示。此外，相比于附体结构产生的阻力，裸艇体阻力通常是设计阶段需要考虑的主要阻力成分。因此，通常船舶水阻力的狭义范围是指裸艇体水阻力。

图 3-1　裸艇体水阻力成分

当无人艇的航速变化时，这三类阻力在总阻力中所占比例不同，对于低速航行状态，摩擦阻力占总阻力的 70%～80%，黏压阻力通常大于等于 10%，而兴波阻力占比很小；对于高速航行状态，摩擦阻力占总阻力的比例会变小，占比为 40%～50%，而兴波阻力却可以达到 50%，黏压阻力只有约 5%。这些阻力总体而言都与船速的平方成正比。

艇体摩擦阻力 R_F 的计算为

$$R_F = C_F \times K \tag{3-2}$$

式中，C_F 为摩擦阻力系数，K 的计算式为

$$K = \frac{\rho V^2 A_S}{2} \tag{3-3}$$

其中，ρ 为海水密度；A_S 为艇体浸湿面积。

摩擦阻力 R_F 为总阻力中占比相当大的一部分，对于某些低速船舶，最高甚至可以占到 90%。摩擦阻力随着艇体污底的增加而增加，即随着海藻、海草及藤壶的增多而增加。船舶在水中前进时，摩擦阻力几乎与船速的平方成正比。

剩余阻力 R_R 又包含了黏压阻力和兴波阻力。在低速航行时，兴波阻力与船速的平方成正比，但在高速航行下迅速增加，这就决定了通常对于某一特定船型有速度上限的约束，即当船速提到一定值时，进一步增加无人艇推进功率不会提高船速，而是转换为兴波能量，克服兴波阻力。剩余阻力 R_R 的计算为

$$R_R = C_R \times K \tag{3-4}$$

式中，C_R 为剩余阻力系数；K 按式(3-3)计算。此外，浅水也会对剩余阻力产生重要影响，因为船舶向后排水难度增大。一般情况下，当海水深度是船舶吃水的 10 倍以上时，浅水将不产生影响。

裸艇体阻力的计算一般有计算流体力学(CFD)方法、船模系列实验估算法和经验公式法三类。通常，CFD 方法需要先建立船舶三维模型，然后通过数值模拟技术来进行阻力计算，而船模系列实验估算法必须要进行船模实验才可实施。因此，在船舶的设计初期阶段，利用经验公式法是最为简便和实用的。为便于直接计算，本书采用经验公式法中的 Holtrop-Mennen 法。Holtrop-Mennen 法是基于大量模型试验和实船试航数据，通过回归分析得到的估算船舶阻力的经验公式。接下来，本书将对 Holtrop-Mennen 法的基本原理进行介绍。

Holtrop-Mennen 法将船舶总阻力 R_T 分成裸艇体黏性阻力 $R_F(1+k)$、裸艇体兴波阻力

R_W、船模实船修正阻力 R_A 和附体阻力 R_{app} 几个部分。各部分阻力相加即可得到艇体总阻力的表达式：

$$R_T = R_F(1+k) + R_W + R_A + R_{\text{app}} \tag{3-5}$$

式中，$1+k$ 为裸艇体形状因子。

1. 裸艇体黏性阻力计算

裸艇体的黏性阻力包括摩擦阻力 R_F 和黏压阻力 R_{pv} 两部分，这两部分阻力合并成黏性阻力如式(3-6)所示：

$$R_V = R_F(1+k) \tag{3-6}$$

根据式(3-2)和式(3-3)，摩擦阻力计算可表示为

$$R_F = \frac{1}{2}\rho V^2 A_S C_F \tag{3-7}$$

艇体摩擦阻力 R_F 取决于艇体浸湿面积 A_S 的大小，且取决于具体的摩擦阻力系数 C_F。

C_F 按式(3-8)计算：

$$C_F = \frac{0.075}{(\lg Re - 2)^2} \tag{3-8}$$

雷诺数 Re 的计算表达式为

$$Re = \frac{VL}{\mu} \tag{3-9}$$

式中，L 是无人艇设计水线长；μ 是无人艇所处介质流体的动力黏度。

裸艇体形状因子 $1+k$ 由式(3-10)计算：

$$1 + k = c_{13}\left[0.93 + c_{12}\left(\frac{B}{L_R}\right)^{0.92497}(0.95 - C_P)^{-0.521448}(1 - C_P + 0.0225\text{lcb})^{0.6906}\right] \tag{3-10}$$

式中，lcb 为浮心纵向位置与船舯位置(船艏艉垂线间连线中点)的距离和船舶垂线间距的百分比(lcb 如果是正值，说明浮心位于船舯靠近船艏方向；如果是负值，则说明浮心位置靠近船艉)；L_R 为去流段长度，其计算公式为

$$L_R = L \cdot [1 - C_P + 0.06C_P\text{lcb} / (4C_P - 1)] \tag{3-11}$$

其中，C_P 为棱形系数。

式(3-10)中各系数的计算式如下：

$$c_{12} = \begin{cases} \left(\dfrac{T}{L}\right)^{0.2228446}, & \dfrac{T}{L} > 0.05 \\ 48.20\left(\dfrac{T}{L} - 0.02\right)^{2.078} + 0.479948, & 0.02 < \dfrac{T}{L} \leqslant 0.05 \\ 0.479948, & \dfrac{T}{L} \leqslant 0.02 \end{cases} \tag{3-12}$$

$$c_{13} = 1 + 0.003C_{\text{stern}} \tag{3-13}$$

式中，T 为船舶吃水；C_{stern} 为船艉系数，需要按照实际的船舶艉部的形状来取值，通常大型船舶的船艉系数 $C_{\text{stern}} = 0$，如果无人艇艉部型线为 V 型，则 $C_{\text{stern}} = -10$。

2. 裸艇体兴波阻力计算

裸艇体兴波阻力 R_W 由式 (3-14) 来计算：

$$R_W = c_1 c_2 c_5 \nabla \rho g \exp[m_1 Fr^d + m_2 \cos(\lambda Fr^{-2})] \tag{3-14}$$

式中，g 为重力加速度；∇ 为艇体的排水体积；$d = -0.9$；Fr 为弗劳德数，其计算公式为

$$Fr = \frac{V}{\sqrt{gL}} \tag{3-15}$$

式 (3-14) 中各系数的计算式如下：

$$c_1 = 2223105 c_7^{3.78613} \left(\frac{T}{B}\right)^{1.07961} (90 - i_E)^{-1.37565} \tag{3-16}$$

其中

$$c_7 = \begin{cases} 0.229577 \left(\dfrac{B}{L}\right)^{0.33333}, & \dfrac{B}{L} \leqslant 0.11 \\[2mm] \dfrac{B}{L}, & 0.11 < \dfrac{B}{L} \leqslant 0.25 \\[2mm] 0.5 - 0.0625 \dfrac{L}{B}, & \dfrac{B}{L} > 0.25 \end{cases} \tag{3-17}$$

式中，B 为船舶型宽；i_E 为水线半进角，其计算公式为

$$i_E = 1 + 89 \exp\{-(L/B)^{0.80856}(1 - C_{WP})^{0.30484}(1 - C_P - 0.0225\text{lcb})^{0.6367}(L_R/B)^{0.34574}(100\nabla/L^3)^{0.16302}\} \tag{3-18}$$

式中，C_{WP} 为船舶水线面系数；C_P 为船舶棱形系数；L_R 为船型相关系数，

$$L_R = \frac{L(1 - C_P + 0.06 C_P \text{lcb})}{4C_P - 1}$$

$$c_2 = \exp(-1.89\sqrt{c_3}) \tag{3-19}$$

其中

$$c_3 = \frac{0.56 A_{BT}^{1.5}}{BT(0.31\sqrt{A_{BT}} + T_F)} \tag{3-20}$$

式中，T_F 为船艏吃水；A_{BT} 为球鼻艏浸湿面积，可取为艇体中横剖面面积的 8%。

$$c_5 = 1 - \frac{0.8 A_T}{BT C_M} \tag{3-21}$$

式中，A_T 为艉封板浸湿面积，C_M 为船舶中横剖面系数。

$$m_1 = 0.0140407 \frac{L}{T} - 1.75254 \frac{\nabla^{1/3}}{L} - 4.79323 \frac{B}{L} - c_{16} \tag{3-22}$$

$$m_2 = c_{15}C_P^2 \exp(-0.1F_n^{-2}) \tag{3-23}$$

$$c_{16} = \begin{cases} 8.07981C_P - 13.8673C_P^2 + 6.984388C_P^3, & C_P < 0.80 \\ 1.73014 - 0.7067C_P, & C_P \geqslant 0.80 \end{cases} \tag{3-24}$$

$$c_{15} = \begin{cases} -1.69385, & \dfrac{L^3}{\nabla} \leqslant 512 \\ -1.69385 + \dfrac{\left(\dfrac{L}{\nabla^{1/3}} - 8.0\right)}{2.36}, & 512 < \dfrac{L^3}{\nabla} \leqslant 1727 \\ 0, & \dfrac{L^3}{\nabla} > 1727 \end{cases} \tag{3-25}$$

$$\lambda = \begin{cases} 1.446C_P - 0.03\dfrac{L}{B}, & \dfrac{L}{B} < 12 \\ 1.446C_P - 0.36, & \dfrac{L}{B} \geqslant 12 \end{cases} \tag{3-26}$$

3.2　螺旋桨推进特性

推动无人艇前进的螺旋桨传动装置通常是单桨单舵组合，或者是差速双螺旋桨驱动，只有在极少数的情况下，无人艇会使用两个以上的螺旋桨。

3.2.1　螺旋桨类型

螺旋桨主要分为定距桨和调距桨，如图 3-2 所示。

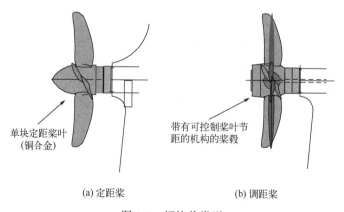

(a) 定距桨　　　　　　　　　　　(b) 调距桨

图 3-2　螺旋桨类型

定距桨的螺距和桨叶的位置是在设计螺旋桨时就已经定下来的，螺旋桨在被铸造出来后，其结构就无法再进行调节，此种螺旋桨无法适应复杂的运行环境，工作环境改变后就无法保持最佳的性能，但由于定距桨的结构简单、成本低、易于维修，那些性能要求不高的船舶，一般选择使用定距桨作为推进装置。

调距桨是在桨毂中安装了操纵机构，以此来调节螺距。相对于定距桨，调距桨的制造成本更高，而由于轮毂稍大，所以螺旋桨的效率会低一些，且因结构复杂，航行中比较容易发生故障。因此，对于普通船舶，安装调距桨会降低动力装置可靠性。

3.2.2　螺旋桨的水动力特性

螺旋桨在水中旋转时所消耗的转矩 Q、产生的推力 T，还有其本身的进速和转速之间的关系称为螺旋桨的水动力性能。

螺旋桨进速系数 J 为螺旋桨进程 h_p 与螺旋桨直径 D 的比值：

$$J = \frac{h_p}{D} = \frac{V_A}{n_p \cdot D} \tag{3-27}$$

式中，n_p 为螺旋桨转速；V_A 为水流在螺旋桨处的流速（即螺旋桨进速）。

螺旋桨推力系数由式 (3-28) 计算：

$$K_T = \frac{T}{\rho \cdot n_p^2 \cdot D^4} \tag{3-28}$$

螺旋桨扭矩系数由式 (3-29) 计算：

$$K_Q = \frac{Q}{\rho \cdot n_p^2 \cdot D^5} \tag{3-29}$$

式中，ρ 为海水密度。

当螺旋桨在均匀的伴流场中工作时，螺旋桨敞水效率可依据式 (3-27)～式 (3-29) 表达为

$$\eta_O = \frac{T \cdot V_A}{2\pi n Q} = \frac{K_T \rho n^2 D^4 \cdot V_A}{2\pi n \cdot K_Q \rho n^2 D^5} = \frac{K_T}{K_Q} \cdot \frac{V_A}{2\pi n D} = \frac{K_T}{K_Q} \cdot \frac{J}{2\pi} \tag{3-30}$$

将以上自变量参数随进速系数变化的关系曲线绘制在同一坐标系中就可得到如图 3-3 所示的螺旋桨敞水特性曲线图。通常螺旋桨敞水效率为 0.35～0.75。

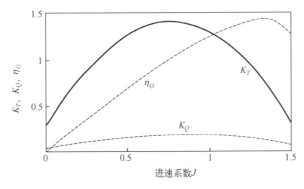

图 3-3　螺旋桨敞水特性曲线图

由图 3-3 可知，伴随着进速系数 J 的增大，推力系数 K_T 和扭矩系数 K_Q 的值都是先增大然后再减小，螺旋桨效率 η_O 也是先增大到最大值后会逐渐减小，对于不同螺距比的螺旋桨，其最大螺旋桨效率也不同。

对于某一确定形状尺寸的螺旋桨，当船舶所处的各种环境状况不变时，由于海水密度变化很小，V_A/n 基本不变，而直径 D 是常数，因此 J、K_Q、K_T 都可以当成常数。推力和转矩公式可以简化为

$$T = C_1 n^2 \tag{3-31}$$

$$Q = C_2 n^2 \tag{3-32}$$

式中，$C_1 = K_T \rho D^4$，$C_2 = K_Q \rho D^5$。对于形状确定且海水密度均一稳定的环境，这两个系数均为常数。由于船后螺旋桨所需功率 P_{DB} 可由式(3-33)计算：

$$P_{DB} = Qn / 9550 \tag{3-33}$$

因此，船后螺旋桨所需功率与转速的关系为三次方成正比，即

$$P_{DB} = Cn^3 \tag{3-34}$$

式中，$C = C_2 / 9550 = K_Q \rho D^5 / 9550$。

将船后螺旋桨所需功率和转矩随螺旋桨转速变化的关系曲线绘制在同一坐标系中，就可以得到如图 3-4 所示的螺旋桨特性曲线。

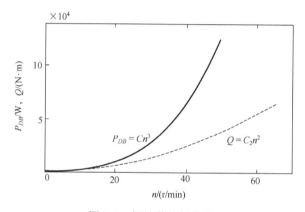

图 3-4　螺旋桨特性曲线

3.2.3　B 系列螺旋桨图谱及其回归表达式

荷兰 B 系列螺旋桨是全球使用最广泛的螺旋桨之一，此系列进行了 21 组 120 个模型的敞水试验，形成了如表 3-1 所示的图谱。

表 3-1　荷兰 B 系列螺旋桨

叶数	盘面比								
3	0.35			0.50		0.65		0.80	
4		0.40		0.55			0.70		0.85
5			0.45		0.60		0.75		0.90
6				0.50		0.65		0.80		0.95
7				0.55		0.70		0.85	

荷兰模拟水池对 B 系列螺旋桨进行了回归分析，其表达式为

$$K_T = \sum_{n=1}^{39} C_n (J)^{S_n} (P/D)^{t_n} (A_E/A_O)^{u_n} (Z)^{v_n} \tag{3-35}$$

$$K_Q = \sum_{n=1}^{47} C_n (J)^{S_n} (P/D)^{t_n} (A_E/A_O)^{u_n} (Z)^{v_n} \tag{3-36}$$

式中，C_n 为回归系数；A_E/A_O 为螺旋桨盘面比；Z 为桨叶数。

由表 3-2 可以得到当雷诺数为 $Re=2\times10^6$ 时，回归表达式中的各个系数。

表 3-2　荷兰 B 系列螺旋桨回归表达式系数

推力系数 K_T						扭矩系数 K_Q					
n	C	s	t	u	v	n	C	s	t	u	v
1	0.00880496	0	0	0	0	1	0.00379368	0	0	0	0
2	−0.204554	1	0	0	0	2	0.00886523	2	0	0	0
3	0.166351	0	1	0	0	3	−0.032241	1	1	0	0
4	0.158114	0	2	0	0	4	0.00344778	0	2	0	0
5	−0.147581	2	0	1	0	5	−0.0408811	0	1	1	0
6	−0.481497	1	1	1	0	6	−0.108009	1	1	1	0
7	0.415437	0	2	1	0	7	−0.0885381	2	1	1	0
8	0.01444043	0	0	0	1	8	0.188561	0	2	1	0
9	−0.0530054	2	0	0	1	9	−0.00370871	1	0	0	1
10	0.0143481	0	1	0	1	10	0.00513696	0	1	0	1
11	0.0606826	1	1	0	1	11	0.0209449	1	1	0	1
12	−0.0125894	0	0	1	1	12	0.00474319	2	1	0	1
13	0.0109689	1	0	1	1	13	−0.00723408	2	0	1	1
14	−0.133698	0	3	0	0	14	0.00438388	1	1	1	1
15	0.00638407	0	6	0	0	15	−0.0269403	0	2	1	1
16	−0.00132718	2	6	0	0	16	0.0558082	3	0	1	0
17	0.168496	3	0	1	0	17	0.0161886	0	3	1	0
18	−0.0507214	0	0	2	0	18	0.00318086	1	3	1	0
19	0.0854559	2	0	2	0	19	0.015896	0	0	2	0
20	−0.0504475	3	0	2	0	20	0.0471729	1	0	2	0
21	0.010465	1	6	2	0	21	0.0196283	3	0	2	0
22	−0.00648272	2	6	2	0	22	−0.0502782	0	1	2	0
23	−0.00841728	0	3	0	1	23	−0.030055	3	1	2	0
24	0.0168424	1	3	0	1	24	0.0417122	2	2	2	0
25	−0.00102296	3	3	0	1	25	−0.0397722	0	3	2	0
26	−0.0317791	0	3	1	1	26	−0.00350024	0	6	2	0
27	0.018604	1	0	2	1	27	−0.0106854	3	0	0	1
28	−0.00410798	0	2	2	1	28	0.00110903	3	3	0	1
29	−0.000606848	0	0	0	2	29	−0.000313912	0	6	0	1
30	−0.0049819	1	0	0	2	30	0.0035985	3	0	1	1
31	0.0025983	2	0	0	2	31	−0.00142121	0	6	1	1
32	−0.000560528	3	0	0	2	32	−0.00383637	1	0	2	1
33	−0.00163652	1	2	0	2	33	0.0126803	0	2	2	1
34	−0.000328787	1	6	0	2	34	−0.00318278	2	3	2	1
35	0.000116502	2	6	0	2	35	0.00334268	0	6	2	1

推力系数 K_T						扭矩系数 K_Q					
n	C	s	t	u	v	n	C	s	t	u	v
36	0.000690904	0	0	1	2	36	−0.00183491	1	1	0	2
37	0.00421749	0	3	1	2	37	0.000112451	3	2	0	2
38	$5.65229×10^{-5}$	3	6	1	2	38	$−2.97228×10^{-5}$	3	6	0	2
39	−0.00146564	0	3	2	2	39	0.000269551	1	0	1	2
						40	0.00083265	2	0	1	2
						41	0.00155334	0	2	1	2
						42	0.000302683	0	6	1	2
						43	−0.0001843	0	0	2	2
						44	−0.000425399	0	3	2	2
						45	$8.69243×10^{-5}$	3	3	2	2
						46	−0.0004659	0	6	2	2
						47	$5.54194×10^{-5}$	1	6	2	2

当雷诺数为其他数值时，需要加上修正系数 ΔK_T、ΔK_Q 来对 K_T、K_Q 进行修正，其表达式如下：

$$
\begin{aligned}
\Delta K_T = {} & 0.000353485 \\
& -0.00333758(A_E/A_O)J^2 \\
& -0.00478125(A_E/A_O)(P/D)J \\
& +0.000257792(\lg Re-0.301)^2(A_E/A_O)J^2 \\
& +0.0000643192(\lg Re-0.301)(P/D)^6 J^2 \\
& -0.0000110636(\lg Re-0.301)^2(P/D)^6 J^2 \\
& -0.0000276305(\lg Re-0.301)^2 Z(A_E/A_O)J^2 \\
& +0.0000954(\lg Re-0.301)Z(A_E/A_O)J \\
& +0.0000032049(\lg Re-0.301)Z^2(A_E/A_O)(P/D)^3 J
\end{aligned}
\tag{3-37}
$$

$$
\begin{aligned}
\Delta K_Q = {} & -0.000591412 \\
& +0.00333758(P/D) \\
& -0.0000666654Z(P/D)^6 \\
& +0.0160818(A_E/A_O)^2 \\
& -0.00093089(\lg Re-0.301)(P/D) \\
& -0.00059593(\lg Re-0.301)(P/D)^2 \\
& +0.0000782099(\lg Re-0.301)^2(P/D)^2 \\
& +0.0000052199(\lg Re-0.301)Z(A_E/A_O)J^2 \\
& -0.00000088528(\lg Re-0.301)^2 Z(A_E/A_O)(P/D)J \\
& +0.0000230171(\lg Re-0.301)Z(P/D)^6 \\
& -0.00000184341(\lg Re-0.301)^2 Z(P/D)^6 \\
& -0.00400252(\lg Re-0.301)(A_E/A_O)^2 \\
& +0.000220915(\lg Re-0.301)^2(A_E/A_O)^2
\end{aligned}
\tag{3-38}
$$

3.3　无人艇推进动力传递与效率分析

作为船舶动力系统的"心脏"，船舶推进动力系统为船舶航行提供动力，决定了无人艇的航速、航程及续航时间。通常，无人艇的推进动力系统由推进电机、螺旋桨、电池组和电子调速器等组成，如图 3-5 所示。由电池组作为动力源，输出的电压和电流经由电子调速器处理后输出给电机，电机将化学能转换为机械能，通过轴系将推力和转速传递给螺旋桨，螺旋桨旋转与水产生交互，产生向前的推进力传递到艇体，从而推动船舶能够以一定速度前进。

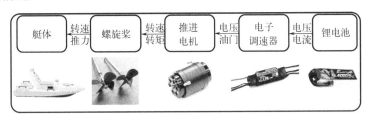

图 3-5　推进动力系统传递示意图

电池输出能量并不能完全被电机利用，存在电能转换损失与传递损失。接着，电机发出的功率通过轴系传递到螺旋桨，其间由摩擦力导致存在机械损失，因此螺旋桨收到的功率小于电机发出的功率，而螺旋桨工作时由其附近的水流环境的影响导致效率会降低，船舶艉部螺旋桨效率 $\eta_B = \eta_O \times \eta_R$（$\eta_O$ 为螺旋桨涡水效率，η_R 为相对旋转效率），螺旋桨输出的推进功率 $P_T = P_D \times \eta_B$（P_D 为螺旋桨收到的功率），螺旋桨将能量传递到艇体使其前进，由于水流以及船舶自身线型的影响，存在一个船体效率 η_H，使船舶有效功率 $P_E = P_T \times \eta_H$。船体效率既可能大于 1 又可能小于 1，即可能对船舶前进起积极作用又可能起消极作用，因此应设法提高船舶的船体效率，使其能对船舶的航行起到积极作用。

由图 3-5 所示的船舶推进动力系统的功率传递可见，船机桨的各个部分都不是完全分离的个体，而是互相制约的一个整体，因此需要对船机桨的整体进行研究，保证船机桨的良好配合与最佳效率。船机桨功率传递过程主要效率分析如下。

3.3.1　伴流系数

由于摩擦力的存在，船舶在航行时会带动艇体周围的水一起运动，形成一个水流动的"区域"，在此区域内，离艇体越近，水流速度越快；离艇体越远，水流速度越慢。螺旋桨周围存在摩擦伴流，此伴流方向和船的航行方向相同，可由式 (3-39) 计算出有效伴流速度：

$$V_\omega = V - V_A \tag{3-39}$$

式中，V 为船舶航速；V_A 为水流在螺旋桨处的流速（即螺旋桨进速，以螺旋桨盘面平均流速来表示）。

可以用无量纲量伴流系数 ω 来表示：

$$\omega = \frac{V - V_A}{V} \tag{3-40}$$

伴流系数 ω 的大小主要受到艇体形状，以及螺旋桨安装位置和大小的影响。伴流系数 ω 对于螺旋桨的设计以及船机桨的匹配有着十分重要的影响。方形系数 C_B 越大，伴流系数 ω 也越大。此外，伴流系数越大，螺旋桨发生空蚀的风险越大，因为该工况下螺旋桨周围水流速的分布通常十分不均匀。因此，在设计阶段需要确保船体艉部的形状能够获得最佳的艉流场。

3.3.2　推力减额系数

螺旋桨在船后工作时，会将前方的水流"吸回"，这部分被"吸回"的水流又会对艇体施加附加阻力，增加的这部分阻力称为阻力增额，相对应的有一个推力减额来抵抗这部分阻力，推力减额系数 t 定义为

$$t = \frac{F}{T} = \frac{T - R_T}{T} \tag{3-41}$$

式中，F 为推力损失；R_T 为船舶总阻力。

一般而言，伴流系数 ω 越大，推力减额系数 t 也越大。同样地，推力减额系数 t 的大小也受艇体形状的影响。例如，大型船舶的球鼻艏在某些情况下(低船速时)会使推力减额系数 t 降低。

3.3.3　船体效率

船舶有效(拖曳)功率：

$$P_E = R_T \times V \tag{3-42}$$

螺旋桨输出的推进功率：

$$P_T = T \times V_A \tag{3-43}$$

因此，船体效率 η_H 可定义为

$$\eta_H = \frac{P_E}{P_T} = \frac{R_T / T}{V_A / V} = \frac{1 - t}{1 - \omega} \tag{3-44}$$

3.3.4　螺旋桨敞水效率

螺旋桨的敞水效率 η_O 与螺旋桨敞水的工况有关，即假设螺旋桨的前方没有艇体，并且螺旋桨运行在一个均匀的伴流场里。螺旋桨淌水效率受到如桨叶数、盘面比、螺距/直径比等多因素影响。通常，螺旋桨进速 V_A 越大，则 η_O 越大。

3.3.5　相对旋转效率

由于螺旋桨实际运行时并不处于淌水工况，实际情况下螺旋桨附近的水流情况十分复杂。水流流向船体后侧螺旋桨的实际速率非恒定，也非以正对流向螺旋桨盘面，而是

属于一种旋流。因此，和螺旋桨敞水工况相比，实际船舶的螺旋桨效率还需要考虑一个系数 η_R，称为相对旋转效率。对于单桨船舶，相对旋转效率 η_R 一般为 $1.0\sim1.07$，即水流对船舶起到了正推进作用。而对于双桨常规船艉船舶，相对旋转效率 η_R 通常较小，约为 0.98。综合考虑船舶性能，相对旋转效率 η_R 经常用于将船模水池实验结果调整到与理论一致。

3.3.6　船舶后侧工作的螺旋桨效率

船舶后侧工作的螺旋桨效率 η_B 定义为

$$\eta_B = \frac{P_T}{P_D} = \eta_O \times \eta_R \tag{3-45}$$

式中，P_D 为螺旋桨收到的功率。

3.3.7　推进效率

推进效率 η_D 定义为

$$\eta_D = \frac{P_E}{P_D} = \frac{P_E}{P_T} \times \frac{P_T}{P_D} = \eta_H \times \eta_B = \eta_H \times \eta_O \times \eta_R \tag{3-46}$$

可见，η_H、η_O、η_R 三者相乘即可得到推进效率 η_D。当无人艇的螺旋桨在均匀伴流场中工作时，选择直径更大的螺旋桨，以及相应高船体效率 η_H 的船体线型等，都将具有更优异的推进效率 η_D。

3.3.8　轴效率

主机发出的功率 P_B 在传递到螺旋桨之前需要经过轴系的传递，在这个传递环节由于轴系对中、轴承润滑等因素影响，存在能量损失，因此轴效率 η_S 定义为

$$\eta_S = \frac{P_D}{P_B} \tag{3-47}$$

轴效率通常较高，约为 0.99。

3.3.9　总效率

推进动力系统的所有各部分传递效率的总和即为总效率 η_T，定义为有效功率和主机发出功率的比值：

$$\eta_T = \frac{P_E}{P_B} = \frac{P_E}{P_D} \times \frac{P_D}{P_B} = \eta_H \times \eta_O \times \eta_R \times \eta_S \tag{3-48}$$

3.4　推进动力系统常见设备选型

对小型无人艇而言，推进动力系统多为电力推进，通常由锂电池组、电子调速器（电

调)、无刷直流电机以及螺旋桨组成。其中，无刷直流电机和螺旋桨是决定推进系统效率最核心的部件。对于螺旋桨，主要考虑其规格参数对升阻特性的影响。对于电机，主要考虑其不同型号 KV 值对电机转速的影响,同时电机的性能是否优越还要取决于其标称空载电流和电压以及电枢内阻。对于电调，主要考虑其最大电流,其内阻对电池电压将起到一定的降压作用。对于电池，主要考虑其总容量影响无人艇的续航时长，以及其最大放电倍率限制放电的最大电流能力。各个部件的选型参数如表 3-3 所示，下面针对常见设备选型及参数进行详细介绍。

表 3-3　部件参数表

部件	参数指标
螺旋桨	直径、螺距、桨叶数
电机	空载 KV 值、标称空载电流和电压、最大电流、内阻、重量
电调	最大电流、电压、内阻、重量
电池	总电压、总容量、放电倍率、内阻、重量

3.4.1　电池组

　　目前小型无人艇多采用锂聚合物电池作为动力电源，该种类型的电池在放电性能、使用寿命及能量密度上优于其他电池，并且该电池不含铅、汞等对环境有害的元素，安全性能更好、防护等级更高、应用范围更广。在该类型电池中，高倍率锂电池又更具优势：该电池正负极材料多为优化过的钴酸锂、磷酸铁锂等，使其具有更高的能量密度；其内部电解质也多为高稳定性物质，大大提升了电池的安全性。常见电池组性能对比如表 3-4 所示，从能量密度、使用寿命、电压范围等多个维度对比，市面上成熟商用电池中，锂电池均具有明显的优势，因此在无人艇等各类无人装备中广泛使用。

表 3-4　常用电池组性能对比

电池性能	常用电池组		
	Li-Ion	Ni/Cd	Ni/MH
能量密度/(W·h/L)	240～260	134～155	190～197
比能量/(W·h/kg)	110～114	49～60	59～70
使用寿命/次	500～1200	500	500
自放电率/(%/月)	12	25	30
平均电压/V	3.6	1.2	1.2
电压范围/V	3.5～4.2	1.0～1.4	1.0～1.4

　　锂电池的基本特征参数主要有电压、电池容量、放电倍率、内阻，如表 3-5 所示。航模专用锂聚合物电池单节标称电压一般为 3.7V，充满电可到 4.2V，放电最低电压通常建议为 3.6V。在电池的放电过程中，电池容量逐渐减小，并且研究表明在某些区域，电池剩余容量与电池电流基本成线性下降关系。而在电池放电后期，电池容量随电流的变化可能是急剧下降，所以一般会设置航模电池安全电压为 3.4V 或者其他值，视具体情况

而定，确保无人艇在电池耗完前有足够的电量返航。另外，不仅在放电过程中电压会下降，而且由于电池本身具有内阻，其放电电流越大，自身的压降就越大，所以输出的电压就越小。需特别注意，在电池使用过程中，不能使电池电量完全放完，不然会对电池造成电量无法恢复的损伤。在实际航行过程中，电池放电倍率主要取决于电调与电机的功率和其他负载的电流消耗。

表 3-5　电池性能参数表

电池参数	参数值
电池容量	5300mA·h
电芯组合	4S1P
额定电压	14.8V
放电倍率	30C
内阻	<100mΩ
尺寸(厚×宽×长)	43.08mm×42.43mm×138.58mm
重量	302g
工作温度(充电)	5~40℃
工作温度(放电)	−10~55℃
存储温度	0~40℃

锂电池主要指标参数介绍如下。

1. 电压

锂电池组包含两部分：电池和电池保护线路。电池组的电压是指把多个电池串联起来，得到所需要的工作电压。如果所需要的是更高的容量和更大的电流，那么应该把电池并联起来。另外，还有一些电池组把串联和并联这两种方法结合起来。无人艇通常用的是锂聚合物电池，单节电压为3.7V。例如，3S1P表示3片锂聚合物电池的串联，电压是11.1V，其中 S 表示串联，P 表示并联。又如，3S2P 电池表示 3 片锂聚合物电池的串联，然后 2 组这样的串联结构再并联，总电压仍然是 11.1V，但电流能力及电池容量是单个电池组的两倍。这类电池的连接原理见图 3-6。

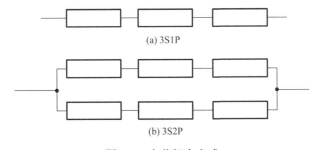

(a) 3S1P

(b) 3S2P

图 3-6　电芯组合方式

2．电池容量

电池容量是电池的重要性能指标之一，它表示在一定条件下（放电率、温度、终止电压等）电池放出的电量，通常以安培·小时为单位（简称安时，以 A·h 或 mA·h 表示，$1A·h=1000mA·h=3600C$）。电池容量 C 的计算式为 $C=\int_{t_0}^{t_1} I dt$（在 t_0 到 t_1 时间内对电流 I 积分）。容量为 5000mA·h 的电池表示该电池以 5000mA 的电流放电可以持续 1h。但是，随着放电过程的进行，电池的放电能力在下降，其输出电压会缓慢下降，所以导致其剩余容量与放电时间并非是线性关系，如图 3-7 所示。

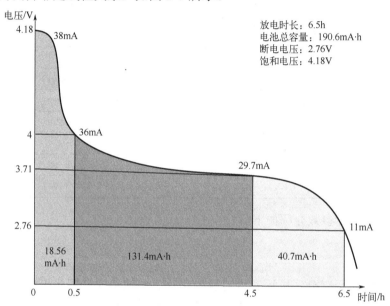

图 3-7　锂电池放电电压与电池剩余容量的特性曲线

在实际无人艇工作过程中，有两种方式检测电池的剩余容量是否满足续航需求。一种方式是检测电池单节电压，这种方式应用比较广泛，可通过传感器实时检测电池电压，衡量电池剩余电量大小；另一种方式是实时检测电池输出电流，做积分计算，这种方法的可实现性较弱，相应传感器的使用尚未普及。

锂电池容量的计算方法是根据电池的额定电流和使用时间来计算。具体公式如下：

容量(mA·h)＝额定电流(mA)×使用时间(h)＝能量(mW·h)÷电池电压(V)

例如，某小型无人艇推进器功率为 24V、350～450W，支持设备工作 2h 以上，则所需容量按上限功率计算为 450W÷24V×2h=37.5A·h。

理论上，电池放电时间(h)＝电池容量(A·h)÷负载电流(A)。然而，实际中，电池放电时间需要考虑工作温度和环境对负载电流影响，通常设计时考虑为：电池放电时间(h)＝电池容量(A·h)×0.8（额定放电容量至 20%剩余电量）÷负载电流(A)。而对于电池充电时间，通常考虑为：电池充电时间(h)＝电池容量(A·h)÷充电电流(A)×1.5（充电时长系数）。

锂电池一般都有相应的平衡充电器，通过专用的平衡充接头与电池各路电芯相连，如图 3-8 所示，这种白色的平衡充接头有正负极之分，两头的线缆是固定的正负极，中间若干根线缆都是正负极一体。该锂电池充电器通过充满电量指示灯来控制锂电池的充电时间。当电池充满电时，会发出报警信号，以免在充电过程中过度充电。

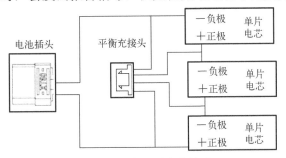

图 3-8　锂电池平衡充接头

3. 放电倍率

充放电电流的大小常用充放电倍率来表示，即充放电倍率=充放电电流/额定电池容量。例如，额定容量为 100A·h 的电池用 20A 放电时，其放电倍率为 0.2C。电池放电倍率是表示放电快慢的一种度量。所用电池的容量 1h 放电完毕，称为 1C 放电；5h 放电完毕，则称为 1/5=0.2C 放电。容量为 5000mA·h 的电池最大放电倍率为 20C，其最大放电电流为 5000mA×20C=100A。电池放电电流不能超过其最大电流限制，否则可能烧坏电池。电池持续倍率一般都小于最大倍率，持续倍率衡量电池持续长时间放电并建议电流大小，防止其长时间发热而被损坏。因此，在相同容量下，高倍率电池可以输出更大的电流。锂聚合物电池一般属于高倍率电池，可以给无人艇作为动力电池使用。

4. 内阻

电池内阻主要是由欧姆内阻和极化内阻两部分组成。

欧姆内阻主要是指由电极材料、电解液、隔膜电阻及各部分零件的接触电阻组成，与电池的尺寸、结构、装配等有关。电流通过电极时，电极电势偏离平衡电极电势的现象称为电极的极化。极化内阻是指电池的正极与负极在进行电化学反应时极化所引起的内阻。电池的内阻不是常数，而是在充放电过程中随时间不断变化，这是因为活性物质的组成，电解液的浓度和温度都在不断地改变。欧姆内阻遵守欧姆定律，极化内阻随电流密度增加而增大，但不是线性关系，常随电流密度的对数增大而线性增加。

不同类型的电池内阻不同。相同类型的电池，由于内部化学特性的不一致，内阻也不一样。电池的内阻很小，一般用单位毫欧来定义。内阻是衡量电池性能的一个重要技术指标。正常情况下，内阻小的电池电流放电能力强，内阻大的电池放电能力弱。对无人艇用大容量电池组来说，个体电芯内阻不一致程度是造成电池组整体失衡的重要因素。电池组使用过程中，各个电芯内阻不一致，造成电池组中单体电芯的过充、过放，降低了电池组整体使用寿命。因此，实际使用中若需要提高电池组寿命和可靠性，就必须准确地均衡电池并及时干预单体电芯的过充过放现象。

3.4.2 电子调速器

电子调速器，简称电调，是通过半导体元件来精准地控制直流或交流电机转速的部件，其实物如图 3-9 所示。相比于传统调节方式，电调具有快速、稳定、节能的优点，被广泛用于各种设备，如无人艇、无人机、无人车等设备的调速控制。电调内部存在多个电路，在交流电进入其内部之后，会首先被整合成直流电，接着被滤波电路消除电源变换所产生的波纹，然后再被重新转化为特定频率的交流电，通过电调内部的半导体元件对其频率进行精确的调控，从而达到精确地控制电机转速和转向的目的。通常，电机的电流是很大的，如果没有电调的存在，单靠电池供电是无法给无刷直流电机供电的，同时控制板的引脚没有这么大的放电功率，所以电调对电机而言是至关重要的驱动电路。电调的另一个作用是为艇载其他电子设备提供稳压电源，即具备 BEC(battery eliminate circuit)功能。这个具备 BEC 功能的电调除了用于给动力电机直接供电外，还可以为艇载电子设备供电(通常为 5～6V，如主控板、GPS 模块、数传模块、遥控器接收机等)。这样的集成设计方案可以简化小型无人艇的供电电路设计。

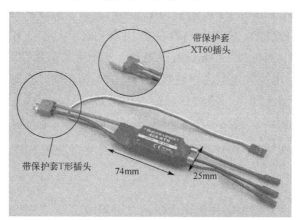

带保护套 XT60插头

带保护套T形插头

74mm

25mm

图 3-9　电子调速器实物图

电调根据 PWM 控制信号来调节电机的启动、停止和转速，电调上都会标出它最高的使用电流，如 200A、14S(14 节电池串联)，好盈 50A 电子调速器参数如表 3-6 所示。通常，根据电机的 KV 值大小和功率来选择电调。若超过电调最大允许通过电流大小，电调会损坏。同时，电调具有相应内阻，需要关注其发热功率。有些电调电流可达几十安培，发热功率是电流的平方函数，所以电调的散热性能也十分重要，因此大电流的电调内阻一般都比较小。

表 3-6　好盈 50A 电子速调器参数

电调参数	参数值
重量(含散热片)/g	43
工作额定电压(推荐电池节数)	2～4S
最大连续工作电流/A	50
最大短时工作电流/A	65

电调主要指标参数介绍如下。

1．电流

电调最主要的参数是电流，通常以安培为单位来表示，如 10A、20A、30A。这里的电调铭牌电流表示流经电调本身的电流的最大允许值。如果电流值超过电调所能承受的最大电流，就会导致电调过载而烧毁，电机停转。通常，电调生产厂商会在最高电压和最大电流的基础上预留 10% 的超额范围。

不同电机需要配备不同电流的电调，电流不足会导致电调甚至电机烧毁。更具体地，电调有持续电流和短时工作瞬时电流两个重要参数，前者表示正常持续运转时的电流，而后者表示 t 秒内能够承受的最大电流。选择电调型号时要注意电调最大电流是否满足要求，是否留有足够的安全裕度容量，以避免电调内部的功率管损坏。市面上的中型电调电流规格大多以整十安培为型号分类，例如，50A 电调建议使用电流不超过 45A，以便留有一定的安全裕度。

2．电压

电调需要标注所允许输入的最高电压，通常在电调上会标有 Li-Po3（3 节锂电池）、Li-Po4（4 节锂电池）或 Li-Po6（6 节锂电池）等字样，表示电调所支持的最高电压是 12.6V、16.8V 或 25.2V。

3．内阻

电调内阻是影响发热功率的最主要属性参数之一。由于电调电流达到几十安培时，发热功率通常较大，所以电调散热通常采用风冷翅片或水冷散热以确保电调温度在适宜工作范围内。

3.4.3 无刷电机

相比于柴油机，电机有着静音、维修简单、绿色节能等优点，因此电力推进船舶日益成为新兴智能船舶的重要动力装置形式。现代无人艇多为油电混合驱动或以电力驱动为主的动力方式。此外，相较于有刷电机，无刷电机有着低噪声、高可靠性、高速、维护成本更低的优点，因此也成为小型无人艇的主要动力装置形式。

无人艇推进电机主要以无刷直流电机为主，将电能转换成机械能，XTB-2835 无刷直流电机参数如表 3-7 所示，其实物如图 3-10 所示。无刷直流电机运转时靠电子电路换向，这样就极大减少了电火花对遥控无线电设备的干扰，也减小了噪声。电机输出轴通过联轴器和轴系带动螺旋桨旋转产生向前的推力，电机与螺旋桨的合理匹配是重要的动力选型设计。

表 3-7　XTB-2835 无刷直流电机参数

电机参数	参数值	电机参数	参数值
型号	XTB-2835	轴径/mm	$\phi4$
尺寸(直径×长)/mm	28×35	建议锂电	3S
KV 值	3500	建议电调/A	30～50
空载电流/A	0.3	安装孔深/mm	5
最高电压/V	18	安装孔位/mm	16/19(M3)
最大电流/A	46	出线接头/mm	80/3.5
最大功率/W	800	轴型	D 型
重量/g	83	轴长/mm	15

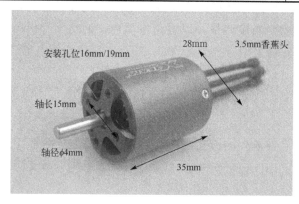

图 3-10　XTB-2835 无刷直流电机实物图

无刷直流电机主要指标参数介绍如下。

1. 尺寸

一般用 4 个数字表示,其中前面 2 位是电机转子的直径,后面 2 位是电机转子的高度。简单地说,前面 2 位越大,电机越宽,后面 2 位越大,电机越高。越高越大的电机,功率就越大,适合做大四轴。例如,2212 电机表示电机转子的直径是 22mm,高度是 12mm。

2. 空载 KV 值

无刷电机 KV 值定义为"转速/伏特",即输入电压增加 1V,无刷电机空转转速增加的转速值。例如,对于 1000KV 电机,外加 1V 电压,电机空转时每分钟转 1000 转,如果外加 2V 电压,电机空转时每分钟就转 2000 转了。只根据 KV 值,无法评价电机的好坏,因为不同 KV 值电机适配不同尺寸的螺旋桨。

3. 标称空载电流和电压

在空载实验时,对电动机施加标称空载电压,使其不带任何负载空转,定子三相绕组中通过的电流,称为标称空载电流。

4. 最大电流

电机能承受的最大电流。

5. 内阻

电机电枢本身存在内阻，虽然该内阻很小，但是由于电机电流很大，有时甚至可以达到几十安培，所以该小内阻不可忽略。

6. 无刷电机调速 PWM 原理

无刷电机、电调及控制器(或遥控接收机)的接线示意如图 3-11 所示。电调可以通过接收控制器(或遥控接收机)发出的 PWM(pulse-width modulation)信号来将输入的电源转为不同的电压，并输出到电机，从而达到使电机产生不同转速的目的。

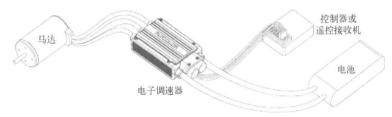

图 3-11　无刷直流电机(又称为马达)与电子调速器接线示意图

PWM 也称为占空比信号，它表示高电平时长占整个信号周期的比例。例如，PWM 的整个周期为 2ms，而高电平时长为 0，低电平时长为 2ms，那么占空比的值为 0；又如，高电平时长为 1ms，而低电平时长为 1ms，那么占空比信号则为 50%；如果高电平时长为 2ms，而低电平时长为 0，那么占空比信号为 100%。如图 3-12 所示，通常 PWM 调速的占空比调节范围为 0~100%。

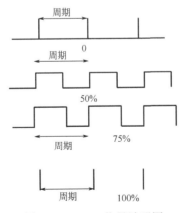

图 3-12　PWM 信号波形图

PWM 信号的频率通常是没有规定的，可以是 50Hz、100Hz、200Hz 或 500Hz 等。控制频率越高，其周期就越短，控制间隔也就越短，电调和电机的响应速度就越快。反之，控制频率越低，其周期就越长，控制间隔也就越长，电调和电机的响应速度就越慢。早期电调 PWM

信号的频率是 50Hz，但随着科技发展和对控制流畅度的要求，现在多数电调都支持 500Hz 以上的 PWM 信号，并且电调内部自带滤波器，可以较好地响应并控制电机转速。

3.4.4　螺旋桨

螺旋桨是直接产生推力的部件，螺旋桨效率是制约无人艇推进动力系统效率的关键。最佳匹配的电机、电调和螺旋桨，可以在特定巡航速度下达到最高效的推进效率，减少电能消耗，延长续航时间。如图 3-13 所示，螺旋桨有正反两种方向设计，因为电机驱动螺旋桨转动时，本身会产生一个反扭力，会导致无人艇有朝着螺旋桨反向旋转的倾覆力矩，因此通常无人艇艉部安装双螺旋桨来克服这类反转力矩，通过一个电机正向旋转、一个电机反向旋转，可以互相抵消这种反扭力。

(a) 二叶正反桨　　　　　　　(b) 三叶正反桨　　　　　　　(c) 四叶正反桨

图 3-13　常见螺旋桨实物图

此外，小型无人艇通常从机构可靠性、操纵机动性等方面考虑采用定距桨形式。而对于调距桨，其桨叶螺旋面与桨毂可做相对转动，由于机构复杂、操纵响应速度慢等因素，通常适用于对经济性要求高但机动性要求相对较低的大型智能船舶。

1. 型号

假设螺旋桨在一种不能流动的介质中旋转，那么螺旋桨每转一圈，就会前进一个距离，即螺距。显然，桨叶的角度越大，螺距也越大，角度与旋转平面角度为 0°，螺距也为 0。螺旋桨一般用 4 位数字表示，其中前面 2 位是螺旋桨的直径，后面 2 位是螺旋桨的螺距。例如，1045 桨的直径为 10in，螺距为 4.5in（1in=2.54cm）。

2. 桨叶数

如图 3-13 所示，螺旋桨也可以用桨叶数量描述。研究表明，船用桨叶数量与效率、振动等性能指标有关。一般来说，若直径和展开面积相同，随着叶数的增加，因叶栅干扰作用增大，故效率下降，且对避免空泡不利，但螺旋桨诱导的压力有下降趋势，所以可减小振动。因此，桨叶的叶数越少，效率越高，但是振动也越大。反之，效率越低，振动越小。

3.5　系泊试验与参数辨识

系泊试验与参数辨识是船舶与海洋工程领域中的重要研究方法，用于评估船舶在水动力环境中的受力与运动特性。通过在授受环境中模拟实际工况，系泊试验能够获取无人艇的动态响应数据，为设计优化和性能预测提供了可靠依据，还为实际应用中的控制与安全性评估奠定了理论基础。

3.5.1　无人艇典型动力系统介绍

无人艇通常要求具有良好的航行能力和操纵性能，安装喷水推进动力装置总成是常见的一种形式，根据其机动性能强的优点，可改善无人艇的操纵性能，有利于无人艇对曲线路径的跟踪。

为了实现无人艇对航速和航向的控制，利用无刷电机驱动喷泵螺旋桨，舵机驱动矢量喷口进行航向控制。无刷电机 KV 值为 1700，最高电压为 16V。为了满足无刷电机的电流供应需求，需要通过电调将电源中的直流电转换为交流电。另外，考虑模块的散热性能和防水性能，电机与电调均设置了水冷散热。电机和电调实物图如图 3-14 所示。

(a) 无刷电机　　　　　　　　　　　　　　　　(b) 电调

图 3-14　无人艇用无刷电机和电调实物图

如图 3-15 所示，将无刷电机与舵机集成到喷水推进器总成。其中，由舵机和连杆驱动的喷嘴所能达到的角度变化范围为(−26.3°, 26.3°)。水流从喷水推进器总成底部进水口被吸入喷水推进器内部流道，由无刷电机通过轴传动的螺旋桨做功后将水从喷水口泵出，使无人艇获得前进推力。

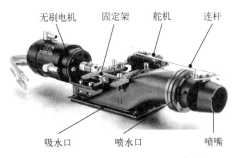

无刷电机　　固定架　　舵机　　连杆

吸水口　　喷水口　　喷嘴

图 3-15　喷水推进器总成示意图

如图 3-16 所示，无人艇的动力单元由航模锂电池、Pixhawk 航行控制器、电调和喷水推进器总成组成。航模锂电池输出 11.1V 电压，通过电调降压至 5V，为 Pixhawk 航行控制器供电；同时，航模锂电池通过电调输出三相交流电为喷水推进器总成中无刷电机供电。Pixhawk 航行控制器输出 PWM 信号，控制喷水推进器总成中无刷电机转速和舵机舵角，从而调节无人艇的航速和航向。

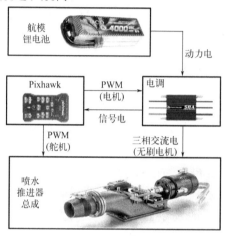

图 3-16　无人艇动力单元组成

3.5.2　无人艇动力系统系泊试验

喷水推进器总成安装到实艇后，需要对推进动力系统进行建模与标定，主要目的包括以下两点。

(1)对推进动力系统主要功能进行测试，检查设备是否能正常工作。

(2)对推进动力系统输出能力进行标定,通过不同PWM输入测试推进装置的推力输出。

图 3-17 所示为无人艇系泊试验场景。无人艇推力输出测试的主要方法是用无弹性的绳子挂在无人艇艉部两侧的螺栓上，用拉力计钩住绳子。在手动模式下，使无人艇自驾仪输出一个固定的 PWM 值到推进装置，等待拉力计示数稳定后开始记录。

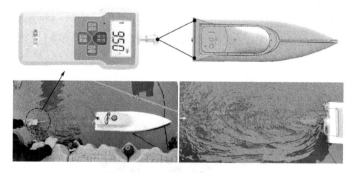

图 3-17　无人艇系柱拉力测试

在测试时应尽量保持拉力计与无人艇艉部的螺栓水平并稳定无人艇的航向，表 3-8 为测试后整理出来的部分试验的推力数值。

通过对油门输出 PWM 为 1300、1500、1700、1900 时的拉力计数值进行整理，对所测数据进行曲线拟合，无人艇推力曲线如图 3-18 所示。

由该试验的测试结果和数据绘制曲线图可见，推进动力系统在系柱拉力测试期间运行一切正常，无明显的安装缺陷。在不考虑测量误差的情况下，将无人艇推进装置输出 PWM（油门百分比，式中为 x）与推力输出（N，式中为 y）拟合成形如 $y=a_0+a_1x$ 的线性方程，最终得到线性拟合直线如图 3-18 中无标记直线所示，拟合后，函数表达式为 $y = 10.98x+24.3$，线性相关系数 $R^2 = 0.996$。

表 3-8　无人艇推力输出试验结果

测试编号	油门输出 PWM	油门百分比/%	拉力计示数 1/N	拉力计示数 2/N
测试 1	1300	28	325	364
测试 2	1500	52	591	582
测试 3	1700	76	822	858
测试 4	1900	100	1139	1139

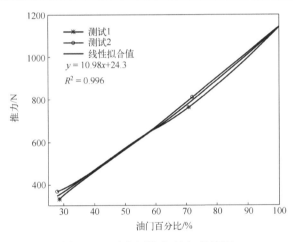

图 3-18　无人艇推力-油门曲线图

思考与练习

1. 无人艇在水中前进受到哪些阻力作用？其中，在低速航行状态下占主导成分的是什么？

2. 螺旋桨的敞水特性曲线有何规律？随着进速系数 J 的增加，推力系数和扭矩系数如何变化？

3. 无人艇推进动力系统传递有哪些环节？总效率与哪些因素有关？

4. 船用锂电池有哪些性能指标参数？其中，电池所需容量如何计算？

5. 无人艇用无刷直流电机有哪些性能指标参数？如何选型才能与电子调速器匹配？

6. 无人艇喷水推进器组成有哪些？系泊试验目的是什么、如何开展？

第 4 章　无人艇智能航行控制原理与设计

智能航行能力对于大型智能船舶或小型无人艇都是最重要的核心能力。一艘智能船舶的智能航行在很大程度上决定了智能船舶的自主循迹航行能力。通常，实现沿着预定航线智能航行任务的运动控制系统(简称 GNC 系统)可分为三个模块：制导(guidance)、导航(navigation)和控制(control)。制导是一种计算无人艇所需期望位置、速度或加速度的分系统；导航是指无人艇实时确定自身位置、姿态、速度、航向；控制(也称为底层运动控制)是根据期望状态通过跟踪控制律设计调节无人艇主动控制力和力矩的分系统，以满足特定的运动控制目标。根据无人艇航行自由度与可控的各个自由度驱动力和力矩关系，无人艇常可分为两类：全驱动无人艇(fully actuated USV)和欠驱动无人艇(underactuated USV)。全驱动无人艇能够在所有方向提供主动控制力或力矩，即能够独立控制 3～6 个自由度的运动变化；欠驱动无人艇，一般仅配备了前进推进器和方向舵，不能直接控制横移等自由度，但仍然能够通过间接方式对无人艇进行运动控制。通常无人艇主要以欠驱动推进动力为主，因此本章主要讨论欠驱动无人艇的智能航行控制原理与设计。

4.1　无人艇智能航行控制基本原理

无人艇智能航行任务中，航路跟踪是顺利完成任务的最基本能力。研究和实现快速而精确的无人艇航路跟踪方法具有重要意义。航路跟踪是指无人艇从指定的初始位置出发，在运动控制系统作用下跟踪一条由若干个预设航点组成的航路段，并尽可能减小偏离预设航路的程度。

如图 4-1 所示，无人艇运动控制存在两个闭环。内环为航向控制环，外环为航路控制环。航向控制器利用姿态传感器反馈的航向、角速度等姿态信息，计算出舵角给定值，构成航向闭环控制。航路控制器的制导环节利用 GNSS 反馈的位置信息计算出期望航向值，构成航路闭环控制，本质是引入航向与航路之间的约束关系，使三自由度的船舶运动降为可控的两自由度，实现航路控制。

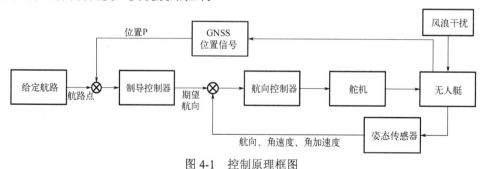

图 4-1　控制原理框图

从程序设计的层级架构角度来看，无人艇运动控制将智能航行任务划分为任务层、制导层、控制层和执行层四个层级。任务层负责规划并下达航点任务，制导层用于产生期望航向，控制层负责根据期望和实际的航向偏差产生控制信号，使无人艇以较好的性能跟踪给定的期望航向，执行层则根据控制信号驱动底层执行机构，使无人艇产生相应的状态变化。

智能航行控制分层架构如图 4-2 所示。制导层常用视线角(line-of-sight，LOS)制导算法来获取期望航向。LOS 制导算法作为一种经典的目标跟踪方法，基于船舶运动学进行设计，具有简单直观、参数整定容易、收敛性好等优点。LOS 制导独立于动力学控制器，不依赖数学模型，需要整定的参数少，期望航向获取只与实际位置和给定航点有关，对高频白噪声敏感度低，可以高效地计算期望航向并传送给控制层。控制层以最佳的性能跟踪制导层给定的期望航向。控制层的控制器设计可采用模糊控制、神经网络、自抗扰等控制方法，但这些控制方法运算复杂度高、参数整定困难等因素，限制了其在无人艇上的推广应用。PID 控制器具备结构简单、调试方便、鲁棒性好、可靠性高等优点，因此广泛应用于无人艇航向控制，但常规 PID 控制方法在执行器幅值受限情况下，积分器容易饱和，从而导致航向超调和振荡，最终导致频繁动舵，甚至系统失稳。

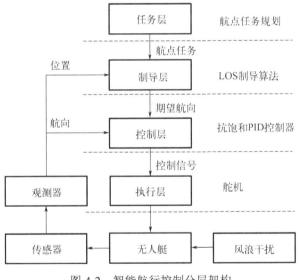

图 4-2　智能航行控制分层架构

按照运动控制分层架构设计欠驱动无人艇航路跟踪控制器。制导层基于 LOS 制导算法模仿舵手按照视距操舵原则跟踪给定航路，先根据无人艇的最小回旋半径和艇身长度来取相对合适的初始前视距离参数，然后由虚拟跟踪点计算获取期望航向。期望航向作为下一层(控制层)的输入，在航向控制器的控制作用下使无人艇沿期望航向收敛到给定航路。航向控制器采用抗饱和 PID 控制。当控制器因大扰动造成输出饱和时，通过负反馈将控制器过饱和量反馈到积分器中，从而避免了积分器饱和，最终保持输出舵角在控制限幅之内。抗饱和 PID 控制器避免了传统 PID 控制器因积分饱和导致的振荡和不稳定，提升了航向跟踪过程中舵角的有效性。

4.2　制导算法原理与设计

LOS 制导律的期望航向只与无人艇当前位置和任务航线有关，通过漂角估计对环境扰动进行补偿，具体算法原理介绍如下。

4.2.1　航路跟踪问题描述

如图 4-3 所示，在二维地球坐标系下，由航路点 $P_i(i=0,1,2,\cdots)$ 构成期望航路，相邻两点 P_nP_{n+1} 之间的连线为直线。其中，$P_n=[x_n,y_n]^T\in\mathbf{R}^2$，$P_{n+1}=[x_{n+1},y_{n+1}]^T\in\mathbf{R}^2$ 连成的直线为当前期望航路。$P=[x,y]^T\in\mathbf{R}^2$，为无人艇实时位置。$P_d=[x_d,y_d]^T\in\mathbf{R}^2$，为虚拟跟踪点。间接直线航路跟踪控制器的控制目标是控制无人艇的位置逐渐收敛到给定航点，即 $P\rightarrow P_m$，其数学表达为

$$\lim_{t\rightarrow\infty}(P(t)-P_m(t))\rightarrow 0 \tag{4-1}$$

式中，$P_m(t)$ 为无人艇在 t 时刻的位置 P 在航线 P_nP_{n+1} 方向的正投影点。

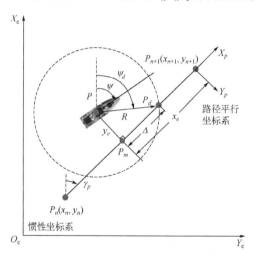

图 4-3　无人艇视线角制导基本原理

4.2.2　LOS 制导原理

LOS 制导原理如图 4-3 所示，在惯性坐标系下，由航路点 $P_i(i=1,2,\cdots)$ 构成航线，路径跟踪任务按照相邻两航点间的连线分段进行跟踪，无人艇按照顺序依次执行各段航线任务，当无人艇接近当前航线终点时，执行到点判断逻辑，自动切换到下一航点。LOS 在航线任务执行过程中为无人艇提供实时计算的期望航向。以航路点 P_n 和 P_{n+1} 之间的航线任务为例，航线 P_nP_{n+1} 在惯性坐标系下的方向为 γ_p，无人艇位置为 P，以无人艇为圆心，设定半径为 R 的视线圆，以视线圆与 P_nP_{n+1} 的交点 P_d 为期望位置。为表征跟踪误差，建立路径平行坐标系(path parallel coordinate system)，其 X_p 轴与路径相切，指向无人艇前进方

向。根据航线与无人艇之间的位置关系，可以计算出期望航向，无人艇在直线 $P_n P_{n+1}$ 上的垂足为 P_m。x_e 为当前无人艇距离目标点沿期望航线方向的纵向偏距，y_e 为无人艇距离目标点沿期望航线垂直方向的横向偏距。在路径平行坐标系中，无人艇位置可表示为

$$x_e = (x - x_{n+1})\cos\gamma_p + (y - y_{n+1})\sin\gamma_p$$
$$y_e = -(x - x_{n+1})\sin\gamma_p + (y - y_{n+1})\cos\gamma_p \tag{4-2}$$

设计虚拟跟踪点为垂直投影点前向 Δ 处的 P_d，则期望航向为

$$\psi_d = \gamma_p - \arctan(y_e / \Delta) \tag{4-3}$$

或
$$\psi_d = \gamma_p - \arcsin\frac{y_e}{R} \tag{4-4}$$

式中，Δ 影响控制器的响应速度。当 Δ 趋近于无穷大时，$\psi_d \to \gamma_p$ 取得最小值，随着 Δ 减小，arctan 函数逐渐逼近 $\pm\pi/2$。由此可知，参数 Δ 的选择将影响被控量向给定量收敛的陡峭程度。该参数选取越小，收敛速度越快，系统对误差的响应越快，控制精度也越高，但同时也会带来振荡和不稳定。参数 Δ 选取越大，则系统对误差的响应较慢，但控制过程会相对稳定。

当无人艇与航线间的距离大于 R 时，直接取无人艇到航线的垂线方向作为期望航向，则完整的期望航向表示为

$$\begin{cases} \psi_d = \gamma_p - \arcsin\left(\dfrac{y_e}{R}\right), & y_e < R \\ \psi_d = \gamma_p + \dfrac{\pi}{2}, & y_e \geqslant R \end{cases} \tag{4-5}$$

LOS 制导原理只与位置有关，当期望路径切换时，会出现阶跃信号增量 $\Delta\psi_d$，加入一阶惯性滤波以平滑制导算法获得的期望航向。经过平滑的期望航向为

$$\psi_d = \psi_d' + \Delta\psi_d \cdot (1 - \mathrm{e}^{-at}) \tag{4-6}$$

式中，ψ_d' 为阶跃前的期望艏向。

无人艇沿当前航路跟踪完毕，需要一定的更新原则对当前路径的 n 值进行更新。期望航路切换原则依赖于无人艇实时位置 $P(t)$ 与期望航路末端 P_{n+1} 点的距离。当两点距离小于常量 R_0 时，跟踪航路切换为下一对航路点，n 值更新。R_0 一般选取为船长的整数倍或依赖于旋回性能进行设计，以达到最好的跟踪效果，其更新条件如下：

$$(x - x_{n+1})^2 + (y - y_{n+1})^2 \leqslant R_0^2 \tag{4-7}$$

4.3　PID 路径跟踪控制算法设计

产生期望航向后，控制律根据期望航向产生控制信号，实现无人艇航向与期望航向对准。无人艇航向 PID 控制逻辑如图 4-4 所示，以 LOS 产生的期望航向与无人艇当前航向之间的偏差为 PID 的输入，根据航向偏差分别进行比例（proportional）、积分（integral）、微分（differential）运算，为防止长时间积分使积分项过大导致控制失效，通常需要对积分

运算进行饱和限制，即设定一个最大值，当积分运算结果达到这个值时，不再进行累加。将三个通道的运算结果相加得到舵角指令输出信号，执行层根据舵角指令信号驱动舵机，控制无人艇航向转向期望航向。

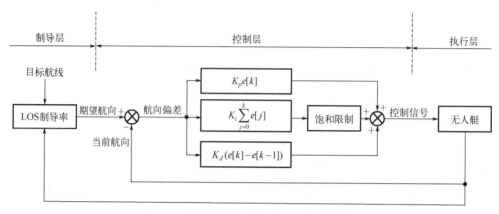

图 4-4　无人艇航向抗饱和 PID 控制逻辑

1. 航向控制问题描述

控制无人艇航向 ψ 对准期望航向 ψ_d 上，定义跟踪误差为 $e = \psi_d - \psi$，其控制目标为

$$\lim_{t \to \infty} e \to 0 \tag{4-8}$$

按照期望航向跟踪虚拟点可以使无人艇航迹逐渐收敛到给定航路。在航向控制器的作用下，无人艇沿期望航向逐渐收敛到期望航路。当无人艇沿当前航路跟踪完毕时，需要一定的更新规则将期望航路切换至下一段航路，以达到连续跟踪给定航点的目的。

通用 PID 控制律为

$$u(t) = k_p e(t) + k_i \int e(t)\mathrm{d}t + k_d \frac{\mathrm{d}e(t)}{\mathrm{d}t} \tag{4-9}$$

式中，k_p、k_i 和 k_d 分别为比例系数、积分系数和微分系数，式 (4-9) 是连续型 PID 控制律，而在无人艇的嵌入式硬件控制环境中，控制程序是在特定周期进行采样和计算，产生控制输出。因此，嵌入式控制器中实现 PID 控制需要对连续系统进行离散化。采样周期较短时，通常使用求和代替积分，使用差商代替微分，将描述连续型 PID 算法微分方程转变为描述离散型 PID 算法的差分方程，即

$$\begin{cases} e(t) \approx e[k] \\ \int e(t)\mathrm{d}t \approx T \sum_{j=0}^{k} e[j] \\ \dfrac{\mathrm{d}e(t)}{\mathrm{d}t} \approx \dfrac{e[k] - e[k-1]}{T} \end{cases} \tag{4-10}$$

式中，T 为采样周期；k 是采样序号，$k = 0, 1, 2, \cdots$。

由式 (4-10) 可以将式 (4-9) 转化为离散型 PID 算式：

$$u[k] = K_p e[k] + K_i \sum_{j=0}^{k} e[j] + K_d (e[k] - e[k-1]) \qquad (4\text{-}11)$$

式中，$K_p = k_p$，为比例系数；$K_i = k_i T$，为积分系数；$K_d = k_d / T$，为微分系数。

针对航向跟踪控制，抗饱和 PID 算法的控制框图如图 4-4 所示，航向控制器为

$$u = K_p e + \frac{K_d}{T_d} \frac{\mathrm{d}e}{\mathrm{d}t} + u_i \qquad (4\text{-}12)$$

其中

$$u_i = \int (K_i \cdot e + K_f \cdot e_{\text{sat}}) \mathrm{d}t \qquad (4\text{-}13)$$

为积分环节，K_f 为负的抗饱和反馈增益，K_i 为积分系数，控制量的饱和误差为

$$e_{\text{sat}} = v - \text{sat}(v) \qquad (4\text{-}14)$$

式中，v 为不经限幅的控制器输出。输出量的限幅上限和下限分别设置为 $u_{\max}$ 和 $u_{\min}$，则限幅运算为

$$\text{sat}(v) = \begin{cases} u_{\max}, & v > u_{\max} \\ v, & u_{\min} \leqslant v \leqslant u_{\max} \\ u_{\min}, & v < u_{\min} \end{cases} \qquad (4\text{-}15)$$

当 v 值超出饱和限幅时，控制器过饱和量反馈到积分器中，从而使输出舵角返回到控制限幅之内。在偏差出现大变化时，负反馈将削弱积分作用的影响，体现比例和微分控制的性能，提高舵角的响应速度。在偏差较小时，控制量饱和误差 e_{sat} 为零，此时相当于传统 PID 控制。

2. 基于 LOS 与 PID 组合航行控制算法仿真验证

无人艇路径跟踪控制算法的 Matlab 仿真逻辑框图如图 4-5 所示，LOS 制导和 PID 控制算法按照上述逻辑编辑，路径跟踪控制算法的输入为任务路径航点坐标、无人艇当前位置坐标、无人艇当前航向，输出为舵机的控制信号。航点任务模块中编写航点切换算法，设置到点判断距离 L，当无人艇位置在航线上的投影距离小于下一航点的到点判断距离 L 时，执行航点任务切换，将下一航点作为当前任务点。

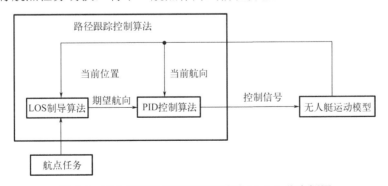

图 4-5　无人艇的路径跟踪控制算法 Matlab 仿真框图

选取视线圆半径 $R = 5\text{m}$，控制参数 $K_p = 6$，$K_i = 0$，$K_d = 1$，到点判断距离为 $L = 1\text{m}$，进行路径跟踪仿真试验，结果如图 4-6 所示。以 $(0, 0)$ 为起始点，设置由 6 个航点组成的航线任务，各个航点组成的航线覆盖了直角坐标系下常见的垂直和水平方向航路段，可以有效检测制导、控制算法在特殊航路段函数极限值下的可靠性。仿真结果表明，控制算法逻辑上可行，且路径跟踪控制算法在特定仿真条件下具有良好的路径跟踪控制效果。

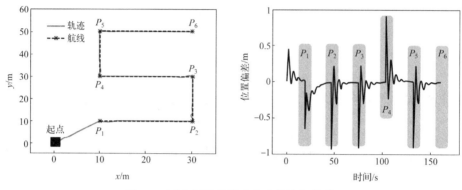

图 4-6　无人艇路径跟踪仿真轨迹与偏差

无人艇航向对期望航向的跟踪情况如图 4-7 所示，当期望航向发生较大变化时(如航点切换过程)，在 PID 作用下，无人艇迅速响应，实现跟踪期望航向并减小了超调量。

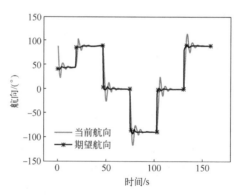

图 4-7　无人艇航向跟踪曲线

4.4　自抗扰路径跟踪控制算法设计

自抗扰路径跟踪控制算法是一种结合扩张状态观测器(extended state observer，ESO)和非线性反馈控制的鲁棒控制方法，用于解决路径跟踪中的不确定性和扰动问题。通过 ESO 实时估计系统的内外部扰动，并动态补偿偏差，该算法能显著提高路径跟踪精度和鲁棒性。

4.4.1　自抗扰控制技术基本理论

自抗扰控制(ADRC)是一种继承了 PID "基于误差消除误差" 核心思想的不依赖被控

对象精确模型的先进控制技术，其独特之处是把作用于被控对象的所有不确定因素归纳为"复合干扰"，用被控对象的输入和输出数据对未知的复合干扰进行估计并补偿。ADRC由跟踪微分器(tracking differentiator，TD)、扩张状态观测器(ESO)、非线性状态误差反馈(nonlinear state error feedback，NLSEF)组成，其控制框架如图 4-8 所示。

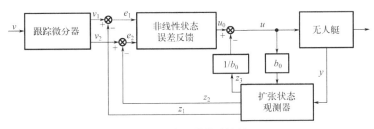

图 4-8　自抗扰控制框架

1.　跟踪微分器

被控对象具有惯性，输出 y 为一个缓变量，而工程中给出的指令信号 v 往往是可以"跳变的"，如阶跃信号。在控制回路中，让一个具有惯性的缓变量 y 跟踪可以阶跃的指令信号 v 是不合理的。此外，根据跟踪误差的定义 $e = v - y$，当指令信号 v 发生跳变时，误差的微分 $\dot{e}$ 将出现"微分爆炸"的问题，对控制系统造成冲击。

给指令信号安排过渡过程在实践中常被采用，在 ADRC 中，使用 TD 平滑指令信号。TD 是用惯性环节来跟踪输入信号 v，通过积分获取近似的微分信号，即 TD 同时输出对输入信号的跟踪信号 v_1 和跟踪信号的微分信号 v_2。TD 的离散形式为

$$\begin{cases} f_h = \text{fhan}(v_1[k] - v[k], v_2[k], r, h_1) \\ v_1[k+1] = v_1[k] + hv_2[k] \\ v_2[k+1] = v_2[k] + hf_h \end{cases} \tag{4-16}$$

式中，h 为采样周期步长，$\text{fhan}(x_1, x_2, r, h_1)$ 为最速控制综合函数，其表达式如下：

$$\begin{cases} d = rh_1 \\ d_0 = dh_1 \\ y = x_1 + h_1 x_2 \\ a_0 = \sqrt{d^2 + 8r|y|} \\ a = \begin{cases} x_2 + \dfrac{a_0 - d}{2}\text{sign}(y), & |y| > d_0 \\ x_2 + \dfrac{y}{h_1}, & |y| \leqslant d_0 \end{cases} \\ \text{fhan} = -\begin{cases} r\,\text{sign}(a), & |a| > d \\ r\dfrac{a}{d}, & |a| \leqslant d \end{cases} \end{cases} \tag{4-17}$$

TD 用惯性环节使 v_1 在加速度 r 的限制下跟踪 v，进而起到平滑指令的作用。式(4-17)

中，r 控制着过渡过程的快慢，需根据被控对象的动态响应特性确定；h_1 为积分步长，它可以取为步长，也作为独立参数，取步长的整数倍，起到滤波作用。

2. 扩张状态观测器

ESO 是对扩张系统的状态观测器，是 ADRC 的核心部分。它将被控对象的内部不确定性和外部复杂干扰归纳为系统未知的"复合干扰"，然后使用系统的输入和输出将该未知复合干扰观测出来。

对于一般的二阶非线性系统：

$$\begin{cases} \dot{x}_1 = x_2 \\ \dot{x}_2 = f(x_1,x_2,t,w,\cdots)+(b-b_0)u+b_0u \\ y = x_1 \end{cases} \quad (4\text{-}18)$$

式中，$f(x_1,x_2,t,w,\cdots)$ 是和被控对象的系统状态 x_1、x_2 以及时间 t 和干扰 w 等相关的变量，可以代入先验模型知识细化表征，更多时候是未知的；b_0 为控制系数中的已知部分；$(b-b_0)$ 为未知部分。

将未知的系统模型、外界干扰和未知的控制部分归纳为复合干扰 $f=f(x_1,x_2,t,w,\cdots)+(b-b_0)u$，并将其扩张为系统状态 $x_3=f$，那么原二阶非线性系统转化为一个三阶线性系统：

$$\begin{cases} \dot{x}_1 = x_2 \\ \dot{x}_2 = x_3 + b_0u \\ \dot{x}_3 = g \\ y = x_1 \end{cases} \quad (4\text{-}19)$$

式中，$g=\dot{f}$ 为复合干扰的变化率。构建系统(式(4-19))的非线性状态观测器(式(4-20))，也称为原系统(式(4-18))的非线性扩张状态观测器：

$$\begin{cases} e=z_1-y, f_e=\mathrm{fal}(e,0.5,\delta), f_{el}=\mathrm{fal}(e,0.25,\delta) \\ z_1[k+1]=z_1[k]+h(z_2-\beta_{01}e) \\ z_2[k+1]=z_2[k]+h(z_3-\beta_{02}f_e+b_0u) \\ z_3[k+1]=z_3[k]+h(-\beta_{03}f_{el}) \end{cases} \quad (4\text{-}20)$$

式中，函数 $\mathrm{fal}(e,\alpha,\delta)$ 为原点附近具有线性段的连续幂次函数：

$$\mathrm{fal}(e,\alpha,\delta)=\begin{cases} \dfrac{e}{\delta^{1-\alpha}}, & |e|\leqslant\delta \\ |e|^{\alpha}\mathrm{sign}(e), & |e|>\delta \end{cases} \quad (4\text{-}21)$$

其中，δ 为线性段区间宽度，β_{01}、β_{02}、β_{03} 为 ESO 的增益。选择合适的观测器增益后，其估计状态 z_1、z_2、z_3 一一对应系统状态 x_1、x_2 和扩张状态即复合干扰 $x_3=f(x_1,x_2,t,w,\cdots)+(b-b_0)u$。

已知复合干扰的估计值 z_3 后，构建形如式(4-22)的控制量：

$$u = u_0 - \frac{z_3}{b_0} \tag{4-22}$$

式中，u_0 为 NLSEF 输出的控制量。将控制量 u 代入系统（式（4-18））中得到：

$$\begin{cases} \dot{x}_1 = x_2 \\ \dot{x}_2 = f(x_1, x_2, t, w, \cdots) + (b - b_0)u + b_0\left(u_0 - \frac{z_3}{b_0}\right) \approx b_0 u_0 \\ y = x_1 \end{cases} \tag{4-23}$$

式（4-23）表示，通过在控制量中补偿复合干扰估计值 z_3，就能将被控对象改造成标准的积分串联型系统，这个过程称为动态补偿线性化。这种将系统模型不确定性和外界未知干扰归纳为复合干扰，然后通过 ESO 动态估计复合干扰并将原被控对象动态补偿线性化的过程是整个自抗扰控制中最关键和最核心的技术。基于上述设计思想，能够构造出不依赖被控对象的精确模型且具有强抗扰能力的控制方法。

3. 非线性状态误差反馈

当被控对象通过动态线性补偿为简单的积分串联型时，使用基于误差和误差微分组合的反馈控制律就可达到可观的控制效果。自抗扰控制的状态误差反馈律的形式有以下几种：

（1）
$$u_0 = \beta_1 e_1 + \beta_2 e_2$$

（2）
$$u_0 = \beta_1 \operatorname{fal}(e_1, \alpha_1, \delta) + \beta_2 \operatorname{fal}(e_2, \alpha_2, \delta), \quad 0 < \alpha_1 < 1 < \alpha_2$$

（3）
$$u_0 = -\operatorname{fhan}(e_1, e_2, r, h_1)$$

（4）
$$u_0 = -\operatorname{fhan}(e_1, ce_2, r, h_1)$$

式中，$e_1 = v_1 - z_1$，$e_2 = v_2 - z_2$。形式（1）为误差和误差微分的线性组合，在形式上与 PD 控制一致。大量仿真研究表明，使用 e_1 和 e_2 的非线性组合效果更好，ADRC 推荐使用形式（2）～（4）的 NLSEF。上述 NLSEF 具有"大误差小增益、小误差大增益"的动态调节特性，因此 NLSEF 无论是稳态误差性质还是误差收敛快速性都比线性组合更具有优势。由于函数 fhan 具有快速且消除抖振的功能，用它来进行非线性组合是非常合适的，同时引入阻尼因子 c 调节系统的阻尼特性更利于工程实践，如形式（4）。根据式（4-17），fhan 的输出落在区间 $[-r, r]$，因此 r 的取值和执行机构的限位有关。h_1 为快速响应因子，数值越小，响应越快，精度越高；若过小，则会引起超调和振荡。

4.4.2　广义漂角补偿路径跟踪控制算法

无论是平面路径解耦跟踪还是分离跟踪方法，其中都包含水平路径跟踪控制子系统，其控制目标是使横向误差 e_y 收敛于 0。无人艇水平路径跟踪控制除了面临欠驱动、模型不确定性、运动强耦合、环境干扰和非完全状态反馈问题外，还要面临艏向反馈存在严重偏差和值域跳变的问题，本节提出广义漂角补偿的水平路径跟踪控制算法。

1. 广义漂角补偿水平路径跟踪控制算法组成

广义漂角补偿的水平路径跟踪控制任务由自适应视线角(adaptive LOS，ALOS)制导和自抗扰-滑模(ADRC-SMC)艏向跟踪控制组成。

1) 广义漂角补偿自适应视线角制导

舵-桨驱动型无人艇进行水平面运动时，只有推进器提供前进动力，以及方向舵提供转艏力矩，属于欠驱动系统。因此，常在运动学层引入制导律将横向跟踪误差转化为方向参考信号，路径跟踪控制进而转化为方向跟踪控制。使用 ALOS 制导不仅将横向误差转化为期望艏向，解决了欠驱动问题，而且还补偿了无人艇漂角无法反馈和传感器艏向反馈偏差引入的干扰。

LOS 制导模拟水手的操舵经验，驱动无人艇沿着视线航行逐渐逼近设定航线，如图 4-9 所示，LOS 向量指示的期望航向角为

$$\gamma_d = \gamma_p + \psi_{\text{LOS}} = \gamma_p - \arctan\left(\frac{y_e}{\Delta}\right) \tag{4-24}$$

式中，Δ 为前视距离。当控制层采用艏向自动舵时，式(4-24)会被转化为期望艏向：

$$\psi_d = \gamma_d - \beta = \gamma_p - \arctan\left(\frac{y_e}{\Delta}\right) - \beta \approx \gamma_p - \arctan\left(\frac{y_e}{\Delta}\right) \tag{4-25}$$

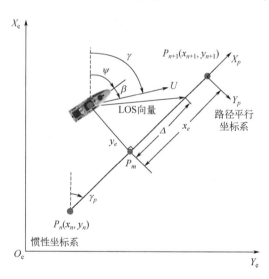

图 4-9　考虑漂角的无人艇视线角制导示意图

值得注意的是，在式(4-25)最后一步近似转化中，忽略了漂角影响，因为漂角的精确测量需要配备昂贵的传感器。使用经典 LOS 而忽略漂角影响，将在运动学层引入干扰，使路径跟踪出现稳态误差。

无人艇使用基于惯性测量单元(inertial measurement unit，IMU)的航姿参考系统(attitude and heading reference system，AHRS)反馈艏向，由于磁力计测量严重受到环境磁场的干扰，因此艏向反馈数据存在符号和幅值不定且随指向变化而变化的偏差，即使采

用已提到的 AHRS 方案，也只能将艏向反馈偏差幅值约束到 5°以内。AHRS 艏向测量模型可以建立为

$$\psi_t = \psi_m + \psi_b \tag{4-26}$$

式中，ψ_m 为传感器测量值；ψ_t 为艏向真实值；ψ_b 为传感器定向偏差。

AHRS 艏向测量偏差对于艏向跟踪控制是不可知的，艏向跟踪控制器只能控制艏向测量值 ψ_m 跟踪期望艏向 ψ_d。即使艏向跟踪控制器性能优异，航行器的真实艏向也与期望艏向存在误差，该误差就是传感器定向偏差 ψ_b。这部分误差由艏向跟踪回路产生，但无法依靠艏向跟踪控制器克服，它将传递到外环路径跟踪回路，导致路径跟踪存在稳态误差。既然传感器定向偏差造成的影响与使用经典 LOS 而忽略漂角造成的影响一致，那么 ALOS 也可补偿传感器定向偏差造成的负面影响。

漂角定义为航向角与艏向角之差为

$$\beta = \gamma - \psi \tag{4-27}$$

在实际应用中，真实艏向无法获得，且在无人艇艏向测量传感器采集中还存在较大偏差。由于实际应用中只能获得测量艏向，且艏向跟踪控制器也只能控制测量艏向，不妨将漂角推广为广义漂角，将其定义为航向角与测量艏向角之差：

$$\beta^* = \gamma - \psi_m = \gamma - \psi_t + \psi_b = \beta + \psi_b \tag{4-28}$$

式中，β^* 为广义漂角，是真实漂角 β 与传感器定向偏差 ψ_b 之和。

假设 4.4.1　欠驱动无人艇的广义漂角一般为一个小值，且变化缓慢。

备注 4.4.1　根据定义，广义漂角由真实漂角和传感器定向偏差组成。漂角在无人艇做操舵机动和海流干扰的影响下显著，一般处于 5°以内。欠驱动无人艇由于没有直接的横向控制力，操舵机动只会引起微弱的横向速度，同时只考虑无人艇可以承受的均匀海流影响。通过传感器校准，传感器定向偏差的幅值约束在 5°以内。虽然偏差随方向变化而变化，但欠驱动无人艇的艏摇运动是一个缓慢的运动，正常航行过程中，定向偏差被认为是缓慢变化的。此外，控制器或自适应律的更新带宽也大于真实漂角和传感器定向偏差的动态特性，相对来说，广义漂角的变化率可以忽略不计。

基于假设 4.4.1，提出 ALOS 为 $\psi_d = \gamma_p - \arctan(y_e / \Delta + \hat{\beta})$ 和 $\hat{\dot{\beta}} = \dfrac{\kappa U \Delta}{\sqrt{\Delta^2 + (y_e + \Delta\hat{\beta})^2}} y_e$，

$\kappa > 0$，详细设计过程见本节末尾。该 ALOS 制导使用自适应技术估计并补偿传感器无法反馈的未知漂角和传感器定向偏差，在稳定性证明中，分析出 ALOS 还补偿了运动学耦合带来的影响。

2) 自抗扰-滑模艏向跟踪控制

在动力学层，需要设计控制器操纵方向舵驱动无人艇跟踪 ALOS 给出的期望艏向。为了克服包括艏摇模型不确定性、动力学强耦合、环境干扰和控制力项未知部分在内的复合干扰，设计不依赖模型的 ADRC-SMC 艏向跟踪控制器，如图 4-10 所示。

不同于艏向跟踪控制器，采用降阶扩张状态观测器(reduced-order extended state observer，ROESO)来估计艏摇运动的复合干扰时，艏摇运动同为一个二阶系统，若采用

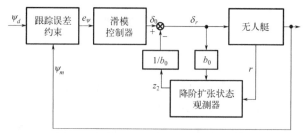

图 4-10   自抗扰-滑模艏向跟踪控制器

全阶 ESO，会将测量艏向作为被控对象输出输入观测器中，但艏向在穿越 0° 或 360° 时会产生跳变，输入观测器中的艏向数据若不连续，观测结果将出现错误。因此，将艏摇角速率作为被控对象输出输入观测器中，也可观测出复合干扰。以艏摇角速率为观测数据，构建降阶的扩张艏摇运动模型为

$$\begin{cases} \dot{\boldsymbol{X}} = \boldsymbol{A}\boldsymbol{X} + \boldsymbol{B}\delta_r + \boldsymbol{E}g \\ \boldsymbol{Y} = \boldsymbol{C}\boldsymbol{X} \end{cases} \tag{4-29}$$

原模型为

$$(I_{zz} - N_{\dot{r}})\dot{r} - N_{\dot{v}}\dot{v} = N_{HS} + N_{v|v|}v\,|\,v\,| + N_{r|r|}r\,|\,r\,| + N_{ur}ur + N_{wp}wp \\ + [N_{pq} - (I_{yy} - I_{xx})]pq + N_{uv}uv + N_{uu\delta_r}u^2\delta_r + N_d \tag{4-30}$$

式中，$\boldsymbol{X} = \begin{bmatrix} r \\ x_2 \end{bmatrix}$；$\boldsymbol{A} = \begin{bmatrix} 0 & 1 \\ 0 & 0 \end{bmatrix}$；$\boldsymbol{Y} = r$；$\boldsymbol{B} = \begin{bmatrix} b_0 \\ 0 \end{bmatrix}$；$\boldsymbol{E} = \begin{bmatrix} 0 \\ 1 \end{bmatrix}$；$\boldsymbol{C} = [1 \;\; 0]$；$g = \dot{x}_2$。其中，扩张状态定义为 $x_2 = f(\boldsymbol{\eta}, \boldsymbol{v}, t, w, \cdots) + (b - b_0)\delta_r$，包括了式 (4-30) 中所有未知的水动力项、动力学耦合效应、外界干扰，以及控制力未知部分在内的复合干扰。舵力控制系数的已知部分为 $b_0 = \dfrac{N_{uu}\delta_r u^2}{I_{zz} - N_{\dot{r}}}$。

假设 4.4.2   艏摇运动的复合干扰的变化率 g 存在上界，即 $|g| \leqslant G$。

备注 4.4.2   复合干扰所包含的未知的动力学、环境干扰和控制力都是连续有界的物理量，因此它对时间的导数也是有界的。

构建系统 (式 (4-30)) 的线性状态观测器，即为艏摇运动的线性 ROESO：

$$\dot{\boldsymbol{Z}} = \boldsymbol{A}\boldsymbol{Z} - \boldsymbol{L}(\boldsymbol{C}\boldsymbol{Z} - \boldsymbol{Y}) + \boldsymbol{B}\delta_r \tag{4-31}$$

式中，$\boldsymbol{Z} = [z_1 \;\; z_2]^{\mathrm{T}}$，为状态 $\boldsymbol{X}$ 的估计；$\boldsymbol{L} = [l_1 \;\; l_2]^{\mathrm{T}}$，为 ROESO 的增益。合理地选取增益 $\boldsymbol{L}$，z_2 就可高效地估计复合干扰 x_2。

由于 TD 无法跟踪值域阶跃变化的期望艏向，因此不采用其来求解期望信号的微分。先计算艏向跟踪误差 $e_\psi = \psi_d - \psi_m$，然后将其约束到 $[-180°, 180°]$，最后直接对约束后的艏向跟踪误差求取数值微分得到 $\dot{e}_\psi$。

为削弱 ROESO 估计误差给艏向跟踪带来的负面影响，采用滑模控制方法设计反馈控制律。定义滑模面 $s = ce_\psi + \dot{e}_\psi$，根据指数趋近律设计方法 $\dot{s} = -ks - \eta\,\mathrm{sign}(s)$ 推导出控制律：

$$\delta_r = \frac{1}{b_0}[c\dot{e}_\psi + \ddot{\psi}_d - z_2 + ks + \eta\,\mathrm{sign}(s)] = \frac{1}{b_0}[c\dot{e}_\psi + \ddot{\psi}_d + ks + \eta\,\mathrm{sign}(s)] - \frac{z_2}{b_0} \tag{4-32}$$

式中，c 和 k 为控制增益，c 影响着线性滑模面的斜率，k 控制着收敛速度；η 为鲁棒项增益，与待克服干扰的幅值有关。滑模控制律式(4-32)不同于经典滑模控制器引入了先验模型信息，而是代入了 ROESO 估计出的复合干扰估计值 z_2。

2. 广义漂角补偿水平路径跟踪控制算法稳定性分析

水平路径跟踪从内至外有三个反馈回路：ROESO 观测补偿回路、ADRC-SMC 艏向跟踪回路、外环路径跟踪回路。从内部稳定向外传递的思路出发，首先分析最内环的稳定性，然后将内环的稳定性结果作为外环稳定性分析的依据，依次递推到最外环。

定理 4.4.1　对于艏摇动力学模型(式(4-30))，所提出的 ROESO(式(4-31))在假设4.4.2 成立的条件下，通过适当选取增益矩阵 $\boldsymbol{L}$，可使闭环系统的所有信号都是最终一致有界(ultimately uniformly bounded，UUB)，观测器状态 $\boldsymbol{Z}$ 收敛至系统状态 $\boldsymbol{X}$ 的任意小的邻域内。

证明： 当观测器增益矩阵 $\boldsymbol{L}$ 满足 $\lambda_{\min}(\boldsymbol{LC}-\boldsymbol{A}) > \dfrac{1}{2}$，时间趋于无穷时，观测误差满足：

$$\parallel\boldsymbol{e}\parallel=\parallel\boldsymbol{X}-\boldsymbol{Z}\parallel\leqslant\frac{g}{\sqrt{\mu}}\leqslant\frac{G}{\sqrt{\mu}} \tag{4-33}$$

式中，$\mu=\lambda_{\min}\left(\boldsymbol{LC}-\boldsymbol{A}-\dfrac{1}{2}\boldsymbol{I}\right)$。更具体地，观测误差各分量也有上界：

$$|e_1|=|r-z_1|\leqslant\frac{G}{\sqrt{\mu}} \tag{4-34}$$

$$|e_2|=|x_2-z_2|\leqslant\frac{G}{\sqrt{\mu}} \tag{4-35}$$

备注 4.4.3　不等式(4-34)和式(4-35)表示当复合干扰变化率存在确定上界时，各系统状态的观测误差 e_1 和 e_2 也有确定上界 $\dfrac{G}{\sqrt{\mu}}$，且观测增益越大，观测误差收敛越快，上界越小。但增益过大，将放大传感器噪声的影响，导致观测值出现严重抖振现象。

定理 4.4.2　对于艏向跟踪控制，所提出的 ADRC-SMC 控制律在定理 4.4.1 成立的条件下，通过适当选取参数 c、k、η，满足全局指数稳定性。

证明： 为了证明 ADRC-SMC 控制律是稳定的，李雅普诺夫函数定义为

$$V_1=\frac{1}{2}s^2 \tag{4-36}$$

对式(4-36)求导，得

$$\begin{aligned}
\dot{V}_1 &= s\dot{s}\\
&= s(c\dot{e}_\psi+\ddot{\psi}_d-\dot{r})\\
&= s(c\dot{e}_\psi+\ddot{\psi}_d-f(\boldsymbol{\eta},\boldsymbol{v},t,w,\cdots)-(b-b_0)\delta_r-b_0\delta_r)\\
&= s(c\dot{e}_\psi+\ddot{\psi}_d-f(\boldsymbol{\eta},\boldsymbol{v},t,w,\cdots)-(b-b_0)\delta_r-c\dot{e}_\psi-\ddot{\psi}_d-ks-\eta\,\mathrm{sign}(s)+z_2)\\
&= -ks^2-\eta|s|-se_2
\end{aligned} \tag{4-37}$$

由于复合干扰观测误差 e_2 拥有确定上界 $\frac{G}{\sqrt{\mu}}$，选取鲁棒项参数满足 $\eta > \frac{G}{\sqrt{\mu}}$，有

$$\dot{V}_1 \leqslant -ks^2 - \eta|s| - s\frac{G}{\sqrt{\mu}}$$

$$\leqslant -ks^2 - |s|\left(\eta - \frac{G}{\sqrt{\mu}}\right) \tag{4-38}$$

$$\leqslant 0$$

式(4-38)表示，当控制参数 $k>0$ 和 $\eta > \frac{D}{\sqrt{\mu}}$ 时，控制器满足全局指数稳定性，证明完毕。

定理 4.4.3 对于水平路径跟踪模型，在定理 4.4.1、定理 4.4.2 和假设 4.4.1 成立的前提下，所提出的 ALOS 可使跟踪目标 $\lim_{t\to+\infty} y_e(t) = 0$ 具有一致半全局指数稳定性（uniform semiglobal exponential stability，USGES）。

证明：对式(4-2)中的横向跟踪误差 y_e 求导，得

$$\dot{y}_e = -\dot{x}\sin\gamma_p + \dot{y}\cos\gamma_p + \dot{x}_{n+1}\sin\gamma_p - \dot{y}_{n+1}\cos\gamma_p$$
$$- \cos\gamma_p(x - x_{n+1})\dot{\gamma}_p - \sin\gamma_p(y - y_{n+1})\dot{\gamma}_p \tag{4-39}$$
$$= -\dot{x}\sin\gamma_p + \dot{y}\cos\gamma_p$$

式中，在跟踪直线路径 P_nP_{n+1} 时，$\dot{x}_{n+1}$，$\dot{y}_{n+1}$ 和 $\dot{\gamma}_p$ 都为 0。将运动学模型式(2-5)代入式(4-39)得

$$\dot{y}_e = -(u\cos\psi - v\sin\psi)\sin\gamma_p + (u\sin\psi + v\cos\psi)\cos\gamma_p$$
$$= -U\cos(\psi + \beta)\sin\gamma_p + U\sin(\psi + \beta)\cos\gamma_p \tag{4-40}$$
$$= U\sin(\psi + \beta - \gamma_p)$$

定理 4.4.2 表明反馈艏向可收敛至期望艏向，即 $\psi_d = \psi_m = \psi_t - \psi_b$，那么真实艏向为

$$\psi_t = \psi_d + \psi_b \tag{4-41}$$

将式(4-41)代入式(4-40)中，得

$$\dot{y}_e = U\sin(\psi_d + \psi_b + \beta - \gamma_p)$$
$$= U\sin[\psi_d + (\psi_b + \beta) - \gamma_p]$$
$$= U\sin(\psi_d + \beta^* - \gamma_p) \tag{4-42}$$
$$= U\sin(\psi_d - \gamma_p)\cos\beta^* + U\cos(\psi_d - \gamma_p)\sin\beta^*$$

根据假设 4.4.1，$\cos\beta^* \approx 1$，$\sin\beta^* \approx \beta^*$，则有

$$\dot{y}_e \approx U\sin(\psi_d - \gamma_p) + U\cos(\psi_d - \gamma_p)\beta^* \tag{4-43}$$

式中，β^* 包括了真实漂角和传感器艏向偏差，还包括了运动学耦合效应。

制导律为

$$\psi_d = \gamma_p - \arctan\left(\frac{y_e}{\Delta} + \hat{\beta}\right) \tag{4-44}$$

将设计的 ALOS 制导律代入式(4-43)中，得

$$
\begin{aligned}
\dot{y}_e &= -U \sin\left[\arctan\left(\frac{y_e}{\varDelta} + \hat{\beta} \right) \right] + U \cos\left[\arctan\left(\frac{y_e}{\varDelta} + \hat{\beta} \right) \right] \beta^* \\
&= -\frac{U y_e}{\sqrt{\varDelta^2 + (y_e + \varDelta\hat{\beta})^2}} + \frac{\varDelta U(\beta^* - \hat{\beta})}{\sqrt{\varDelta^2 + (y_e + \varDelta\hat{\beta})^2}}
\end{aligned}
\tag{4-45}
$$

式中，若 $\hat{\beta} = \beta^*$，则 y_e 收敛于 0。现寻求 $\hat{\beta}$ 的自适应律，使 $\hat{\beta} = \beta^*$。定义广义漂角估计误差 $\tilde{\beta} = \hat{\beta} - \beta^*$，那么 $\dot{\tilde{\beta}} = \dot{\hat{\beta}} - \dot{\beta}^* \approx \dot{\hat{\beta}}$。定义李雅普诺夫函数：

$$
V_2 = \frac{1}{2} y_e^2 + \frac{1}{2\kappa} \tilde{\beta}^2, \quad \kappa > 0
\tag{4-46}
$$

将式(4-46)对时间求导，有

$$
\begin{aligned}
\dot{V}_2 &= y_e \dot{y}_e + \frac{1}{\kappa} \tilde{\beta}\dot{\tilde{\beta}} \\
&= -\frac{U y_e^2}{\sqrt{\varDelta^2 + (y_e + \varDelta\hat{\beta})^2}} + \tilde{\beta}\left[\frac{1}{\kappa}\dot{\hat{\beta}} - \frac{\varDelta U e_y}{\sqrt{\varDelta^2 + (e_y + \varDelta\hat{\beta})^2}} \right]
\end{aligned}
\tag{4-47}
$$

根据式(4-47)，自适应律可设计为

$$
\dot{\hat{\beta}} = \frac{\kappa\varDelta U}{\sqrt{\varDelta^2 + (y_e + \varDelta\hat{\beta})^2}} y_e
\tag{4-48}
$$

将上述自适应律代入式(4-47)，得

$$
\dot{V}_2 = -\frac{U e_y^2}{\sqrt{\varDelta^2 + (e_y - \varDelta\hat{\beta})^2}} \leqslant 0
\tag{4-49}
$$

式(4-49)表示，按照 $\hat{\beta}$ 估计真实漂角和传感器艏向偏差，使 ALOS 能保证水平路径跟踪具有 USGES，证明完毕。

4.4.3　路径跟踪仿真验证

使用数字仿真平台，首先通过 Z 形操纵性试验验证模型和平台的有效性，然后部署广义漂角补偿水平路径跟踪控制算法，验证算法的有效性。

图 4-11 展示了 1.5 kn 航速下，20°/20°Z 形操纵仿真试验和实艇试验的曲线，表 4-1 对比了两者的关键操纵性能指标。由于实艇存在轻微的左右不对称性，直航时方向舵需要 -4° 的压舵角。该不对称还导致做 Z 形操纵性试验时，左转操纵和右转操纵的超越角、艏摇角速率和操纵周期都不一致。通过对比实艇和仿真操纵结果发现，无论是操纵性能指标数值，还是不对称特性和曲线变化趋势，仿真都和实艇吻合度较高，可认为仿真平台能够较真实地反映实艇。此外，Z 形操纵性试验凸显了该无人艇"右转易、左转难"，艏摇运动存在干扰力矩的特点，这给无人艇的水平路径跟踪增加了一定的难度。

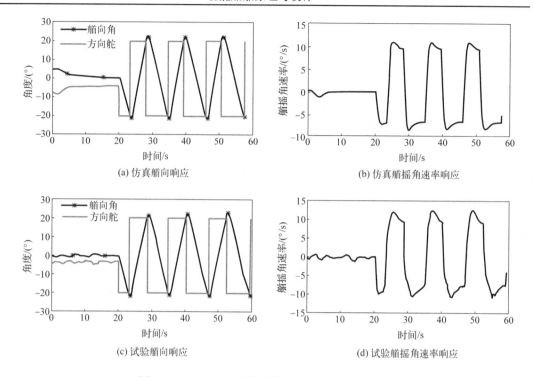

图 4-11 20°/20°Z 形操纵仿真与实艇试验对比

表 4-1 20°/20°Z 形操纵仿真与实艇试验性能指标对比

试验类型	性能指标						
	超越角/(°)		角速率/(°/s)		操纵周期/s		
	左转	右转	左转	右转	左转	右转	总
仿真	2.6	−1.5	11.1	−8.4	6.7	4.7	11.4
实艇	2.6	−1.8	12.4	−10.6	6.8	5.2	12.0

在上述有效的仿真平台上部署广义漂角补偿水平路径跟踪控制算法,分别通过无外界动力学干扰和施加外界动力学干扰的路径跟踪仿真验证算法的有效性。ALOS 前视距离设置为 $\Delta=3$,自适应参数设置为 $\gamma=0.05$。ROESO 增益设置为 $l_1=20, l_2=80$。SMC 反馈律增益设置为 $c=5, k=2, \eta=1$。为验证算法对方向舵控制系数不确定性的补偿作用,控制器的参数 b_0 设置为 1.598,而根据先验模型知识计算的 $b=M_{uu}\delta_s u^2/(I_{yy}-M_{\dot q})=0.689$($u=0.7\,\text{m/s}$),两者相差 132%。施加的外界干扰为 $N_d=0.05\sin 0.2t\,\text{Nm}$。在水平路径跟踪的两组仿真中都施加速度为 0.1m/s、方向为 135° 的海流影响,以产生漂角。无人艇从 (0,0) 位置以 90° 艏向角静止出发,跟踪由航点序列 $A(0,0)\to B(0,50)\to C(-50,50)$ 相连的折线路径。

仿真中,AHRS 的艏向反馈偏差用一个范围为 [−10,10] 的随机常值叠加一个一阶马尔可夫过程产生:

$$\psi_b(t)=B_r+B_m(t) \tag{4-50}$$

$$\dot{B}_m(t) = -\sigma B_m(t) + w(t) \tag{4-51}$$

式中，随机常值 B_r 在仿真初始生成，生成后在整个仿真过程中不变。一阶马尔可夫过程中的反时间相关常数 $\sigma = 0.6$，$w(t)$ 是方差为 0.1 的高斯白噪声。

无外界动力学干扰的水平路径跟踪控制算法仿真结果见图 4-12。从跟踪轨迹图 4-12（a）和横向误差图 4-12（b）可以看出，虽然无人艇初始位置在设定航线上，但在启动阶段，无人艇航速低，受左舷来流影响后产生了负向横向偏差。航速稳定后，无人艇收敛至 AB 路径上。无人艇到达 B 点切换到跟踪 BC 路径后，即使变成右舷来流，无人艇仍能收敛至 BC 路径上。无人艇良好的路径跟踪性能得益于优异的艏向跟踪性能和广义漂角补偿。

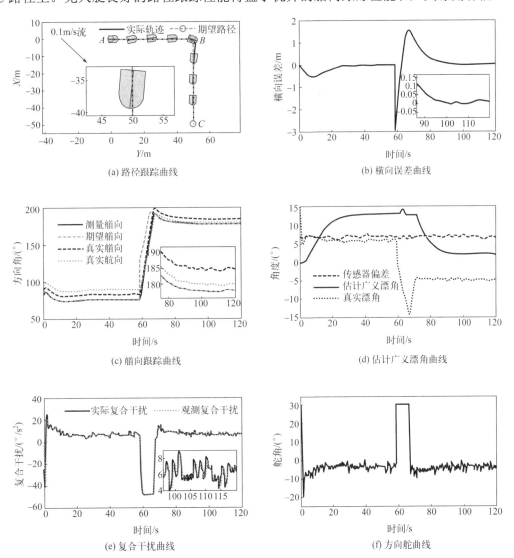

图 4-12　无外界动力学干扰广义漂角补偿水平路径跟踪控制算法仿真

图 4-12（c）展示了 ADRC-SMC 艏向跟踪控制可以无偏地跟踪 ALOS 输出的期望艏向，ROESO 在其中发挥了重要作用。图 4-12（e）中，复合干扰观测值收敛于复合干扰实际值。

稳定直航状态下，ROESO 给出艏摇运动存在可以导致约 $6°/s^2$ 艏摇加速度的复合干扰。使用 ADRC 方法，将复合干扰观测值在最内环及时前馈为约$-4°$的压舵角来抵抗实际复合干扰。虽然 ADRC 抵抗了大部分复合干扰，但由 ROESO 观测误差遗漏的复合干扰需要使用 SMC 反馈律中的鲁棒项克服，表现为图 4-12(f) 中方向舵曲线存在小幅度的抖振，这是由 SMC 反馈律在克服干扰时来回穿越滑模面导致符号项切换造成的。

图 4-12(c) 中测量艏向即使无偏跟踪期望艏向，真实艏向也与期望艏向存在7°的误差，这是由传感器定向偏差造成的。同时，在海流的影响下，无人艇存在无法反馈的漂角。所设计的 ALOS 估计了包括真实漂角和传感器定向偏差在内的广义漂角，并补偿到输出的期望艏向中，见图 4-12(d)。无人艇跟踪 AB 航线时，受左舷来流的影响产生约 6°的真实漂角，而 ALOS 估计出的广义漂角为 13°，符合广义漂角计算关系。无人艇跟踪 BC 航线时，受右舷来流的影响产生约$-5°$的真实漂角，而 ALOS 估计出的广义漂角为 2°，同样符合所提出的 ALOS 制导计算关系。因此，认为所设计的广义漂角补偿的 ALOS 制导律有效。

在艏摇运动上施加正弦力矩模拟环境干扰，进行外界干扰下路径跟踪控制算法仿真，结果见图 4-13。从图 4-13 (e) 可以看出，正弦干扰的幅值约等于无外界干扰下复合干扰幅值。即使如此，ROESO 也可有效地观测出复合干扰，测量艏向仍能较好地跟踪期望艏向。不同于 PID 积分通道抗扰，ADRC 抗扰在扰动未传递到艏向状态之前就被估计出来，进而及时前馈补偿到控制量中，而积分抗扰需要等到干扰影响传递到艏向状态引起艏向误差改变才会被积分作用捕捉。显然，ADRC 抗扰更具有时效性和高效性。SMC 的鲁棒项能克服主要由 ESO 相位滞后引起的估计误差，进一步提高艏向跟踪精度。施加在艏摇运动的干扰在艏摇跟踪回路就可被克服，路径跟踪精度仍能得到保证。

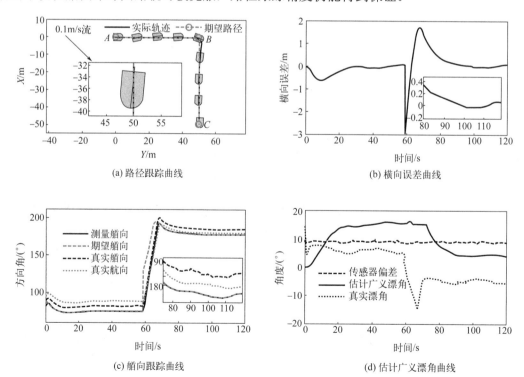

(a) 路径跟踪曲线　　　　　　　　　　　　(b) 横向误差曲线

(c) 艏向跟踪曲线　　　　　　　　　　　　(d) 估计广义漂角曲线

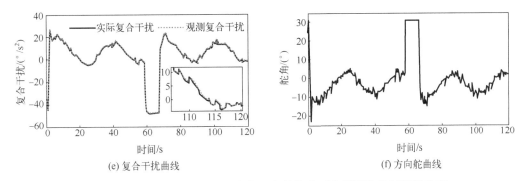

图 4-13　外界艏摇力矩干扰下广义漂角补偿水平路径跟踪控制算法仿真

4.5　避障控制算法设计

无人艇在航行过程中，不可避免会遇到诸多碍航物，自主避障是无人艇自主航行技术的重要支撑。与其他广义上的机器人一样，许多移动机器人领域自主避障理论与方法对于无人艇自主航行避碰具有重要参考价值。但与此同时，船舶的水上运动特性、船舶操纵性以及海上避碰规则等是在设计无人艇避碰策略时所需要特别考虑的。根据障碍物的运动特征，通常可将障碍物分为静态障碍物和动态障碍物两类。这里的静态障碍物指的是在路径规划环节，地图上已知的"障碍物"。这类障碍物面积较大，并且形状特性已知，通常是静止不动的物体或一片固定区域，如湖中小岛、人为设定的禁航区等。对于这类障碍物的处理方法，在路径规划过程中通过对最优可行域的选取就可以避开。动态障碍物指的是在路径规划过程中无法预测，且在航行过程中可能出现的障碍物，这类障碍物的特点是出现信息无法预知，无论是它们的大小、方位、是否移动，还是出现时间，都是未知的。动态障碍物避碰过程也是无人艇避碰控制的难点所在。

4.5.1　静态避障

通过激光雷达等具有环境感知功能的传感器，在检测到障碍物的方位和距离信息后，在全局坐标系 $O_e X_e Y_e$ 中建立一个新的坐标系 $SX'Y'$，以无人艇起点和终点的连线 SD 作为 X' 轴，如图 4-14 所示。在障碍物基于起点-终点的连线上选取若干点作为路径节点，在路径节点上生成与起点-终点连线的垂线，通过群智能算法调整垂线上最优的路径点位置。详细说明如下。

起点 S 作为原点，过 S 点作 X' 轴的垂线作为 Y' 轴。

将 SD 进行 $n+1$ 等分，得到平行的直线 $L_1, L_2, \cdots, L_3$。与路径 SD 的交点为初始（p_1, $p_2, \cdots, p_n$）。S 为 p_0，D 为 p_{n+1}，路径长度 L_p 为

$$L_p = L_{Sp_1} + \sum_{j=1}^{n} L_{p_j p_{j+1}} + L_{p_n D} = \sum_{j=0}^{n} L_{p_j p_{j+1}} \tag{4-52}$$

式中，$L_{p_j p_{j+1}}$ 表示 p_j 与点 p_{j+1} 之间的距离。以 X'-Y' 坐标表示式(4-52)，有

$$L_p = \sum_{j=0}^{n} \sqrt{(x_{p_{j+1}} - x_{p_j})^2 + (y_{p_{j+1}} - y_{p_j})^2} = \sum_{j=0}^{n} \sqrt{\left(\frac{L_{SD}}{n+1}\right)^2 + (y_{p_{j+1}} - y_{p_j})^2} \tag{4-53}$$

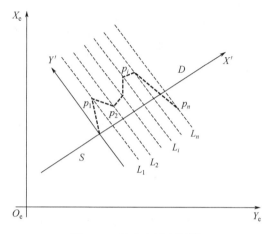

图 4-14　转向点控制区域

对于静态避障过程，在上述的优化算法中，L_p 为适应度函数。约束条件为根据各个障碍物的位置所形成的可行域的函数。通过求解 L_p 的最小值，其对应的解为 n 维数组。

实际环境下，障碍物可能是形状各异的。从形状方面对障碍物进行建模，许多避碰相关的研究将障碍物简化为圆形处理，以一个点表示障碍物中心，设定某个安全距离作为半径构造圆形障碍物。圆形具有模型简单、便于计算等特点。

4.5.2　动态避障

1. 基于规则的避障

《国际海上避碰规则》条文提出了两船水上航行常见的会遇局面及其类型辨识，如图 4-15 所示。

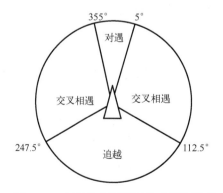

图 4-15　典型的会遇局面类型辨识模型

然而，这类会遇局面类型辨识若只考虑他船相对于本船所处的方位(即他船舷角)来判定会遇局面，则难以考虑两船各自的避碰危险。例如，在图 4-15 所示的模型中，若仅考虑他船相对于本船所处的方位情况，则来自于船艏正前方 0°～5°或 355°～360°的他船均是对遇船，来自于右舷 5°～112.5°或左舷 247.5°～355°的他船均是交叉相遇船，而来自于本船正后方 112.5°～247.5°的他船均是追越船，这会导致因考虑不周出现的碰撞风险。因此，进行会遇局面判定时，不仅要判断他船相对于本船的舷角 Q，还需结合本船相对于他船的舷角 Q_1，而且符合对遇局面和交叉相遇局面的前提条件是须"构成碰撞危险"，特别是追越局面，两船的相对速度还需符合一定条件。因此，这种局面划分方法并不完备。

为此，发挥船舶领域的思想，采用 Goodwin 的船舶领域概念表征"船舶驾驶员为防止其他目标进入本船周围一定距离内的相对安全区域"，可定义潜在碰撞危险为"假如两船在初始状态下航行速度矢量不变，且无论两船相距多远，他船最终都将驶入本船的船舶领域，则两船在这种初始状态下存在潜在碰撞危险"。同时，基于《国际海上避碰规则》与航海实践，可设计一种基于相互舷角比对的局面类型辨识模型。如图 4-16 所示，编号 1、2、3、4、5、6 分别表征和本船处于不同会遇局面的同类机动船，这些会遇局面都以本船在两船会遇局面中所属的角色为标准进行辨识，相同编号的他船都表征和本船所处的会遇局面相同。具体划分方法如表 4-2 所示。

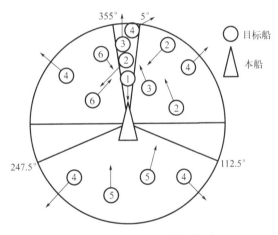

图 4-16　会遇局面辨识模型

1）适用于对遇局面的船舶领域模型

基于《国际海上避碰规则》和航海实践，适用于对遇局面的船舶领域模型形状采用偏移中心的椭圆形，如图 4-17 所示。

该船舶领域模型有以下特点。

(1)艏向比舷侧的安全距离更大。两船处于对遇局面时，他船处于本船艏向一定舷角范围内，本船在航向发生变化时，两船沿艏向方向间距变化较快，沿舷侧方向变化较慢。

(2)艏向比艉侧的安全距离更大。两船相对驶近时，他船一直处于本船艏向。

表 4-2　基于相互舷角比对的局面类型辨识

会遇局面				条件
第一类：存在潜在碰撞危险且 TCPA>0	对遇			$Q \in [0°,5.7°] \cup [354.3°,360°]$，$Q_1 \in [0°,5.7°] \cup [354.3°,360°]$
				$Q \in [0°,112.5°]$，$Q_1 \in [0°,247.5°]$
				$Q \in [247.5°,360°]$，$Q_1 \in [247.5°,360°]$
	追越	③	本船为让路船	$Q \in [0°,90°] \cup [270°,360°]$，$Q_1 \in [112.5°,247.5°]$
		⑤	本船为直航船	$Q \in [112.5°,247.5°]$，$Q_1 \in [0°,90°] \cup [270°,360°]$
	交叉相遇	②	本船为让路船	$Q \in [0°,112.5°]$ 且不是追越局面或对遇局面
		⑥	本船为直航船	$Q \in [247.5°,360°]$ 且不是追越局面或对遇局面
第二类：④-不存在潜在碰撞危险或 TCPA≤0（他船已驶过两船最近会遇点）				

注：Q 为他船相对于本船的舷角，Q_1 为本船相对于他船的舷角，TCPA（time to the closest point of approach）为抵达最近会遇点的时间。

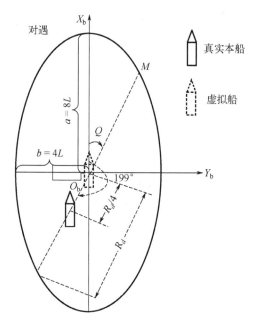

图 4-17　适用于对遇局面的船舶领域模型

（3）右舷比左舷的安全距离更大。《国际海上避碰规则》规定，对遇船舶"各应向右转向，从而各从他船的左舷驶过"。两船以这种方式相互驶过基本不会产生分歧，即使两船 DCPA 很小，也是相对安全的；而两船右舷对右舷相对航行属于危险对遇，这种情况下极易产生分歧甚至造成碰撞事故，因此右舷的安全距离更大。

图 4-17 中，a、b 分别为椭圆长轴和短轴的长度；L 为船长；R_d 为虚拟船沿本船真实位置到船舶领域边界的距离，其中本船真实位置从船舶领域中心向左后方 199° 的方向偏移 $R_d / 4$。

如图 4-17 所示，该坐标系为载体坐标系，其坐标原点为虚拟船重心，X_b 轴正方向为虚拟船艏向，Y_b 轴正方向为右正横方向，则船舶领域边界的方程为

$$\left(\frac{x}{a}\right)^2 + \left(\frac{y}{b}\right)^2 = 1 \tag{4-54}$$

M 为船舶领域边界上任意一点，从虚拟船看点 M 的舷角为 Q，其到点 M 的距离为 R_d，则有

$$(x, y) = (\cos Q, \sin Q)R_d \tag{4-55}$$

将式(4-55)代入式(4-54)，可解得

$$R_d = ab \Big/ \sqrt{(a\sin Q)^2 + (b\cos Q)^2} \tag{4-56}$$

令 $Q = 199°$，则有

$$R_d = ab \Big/ \sqrt{(a\sin 199°)^2 + (b\cos 199°)^2} \tag{4-57}$$

若已知虚拟船在大地坐标系 $X_e O_e Y_e$ 中的坐标为 (x_{01}, y_{01})，航向为 C_0，则点 M 的坐标 (X_{01}, Y_{01}) 由式(4-58)计算：

$$[X_{01} \quad Y_{01}] = [R_d \cos Q \quad R_d \sin Q] \cdot A + [x_{01} \quad y_{01}] \tag{4-58}$$

式中，A 为从大地坐标系向载体坐标系的坐标转换矩阵。虚拟船在大地坐标系 $X_e O_e Y_e$ 中的坐标为 (x_{01}, y_{01})，其可由本船坐标 (x_{00}, y_{00}) 朝方位 $\mathrm{TB} = C_0 + 19°$ 的方向移动 $R_d / 4$ 的方式求得。

2)适用于交叉相遇局面的船舶领域模型

基于《国际海上避碰规则》和航海实践，适用于交叉相遇局面的船舶领域模型形状采用偏移中心的圆形，如图 4-18 所示。

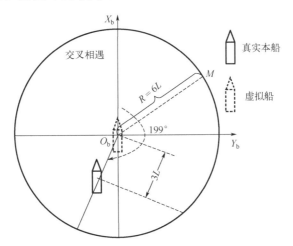

图 4-18　适用于交叉相遇局面的船舶领域模型

该船舶领域模型有以下特点。

(1)右舷比左舷的安全距离更大。按照《国际海上避碰规则》规定，他船来自于右舷，本船为让路船；他船来自于左舷，本船为直航船。

(2)艏向比艉侧的安全距离更大。

将式(4-58)的 R_d 改成 $6L$，可计算出边界上任一点 M 的坐标：

$$[X_{01} \quad Y_{01}] = [6L \sin Q \quad 6L \cos Q] A + [x_{01} \quad y_{01}] \tag{4-59}$$

3)适用于追越局面的船舶领域模型

追越局面与对遇局面的船舶领域模型类似，其船舶领域模型形状采用向艉侧偏移的椭圆形，如图 4-19 所示。

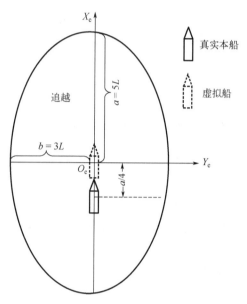

图 4-19　适用于追越局面的船舶领域模型

该船舶领域模型有以下特点。

(1)艏向比艉侧的安全距离更大。在追越局面中，两船的航向相同或接近相同，且两船接近的速度一般较慢。按照《国际海上避碰规则》规定，位于本船前方的被追越船为直航船，本船为让路船；而位于本船后方追越本船的他船为让路船，本船则为直航船。因此，相比于其他会遇局面，适用于追越局面的船舶领域模型在艉侧留有更大的安全距离。

(2)追越局面船舶领域的中心向艉侧偏移，且左右对称。尽管有权威人士提倡追越船应朝左舷追越他船，以避免被追越船向右转向避让而使其陷入被动局面，但在开阔水域，由于船舶密度较小，安全距离较大，追越船朝最有效的避让方向让路即可。《国际海上避碰规则》也并未对追越船的避让行动方向做出明确规定。

虚拟船在大地坐标系 $X_e O_e Y_e$ 中的坐标为 (x_{01}, y_{01})，其可由本船坐标 (x_{00}, y_{00}) 朝方位 $\text{TB} = C_0 - 180°$ 的方向移动 $a/4$ 求得。

2. 基于速度障碍法的避障

速度障碍模型假设本船和障碍物各自维持当前时刻的运动特征，则本船的速度障碍区就是致使障碍物与其发生碰撞的所有速度矢量的集合。对于在平面上运动的目标 P，其在时空中的运动特征可通过参考点与速度矢量进行表征，即 $\boldsymbol{P}(t) = (\boldsymbol{P}_o(t), \boldsymbol{V}_p(t))$，其中，

$P_o(t) = [x_o(t), y_o(t)]^T$ 为参考点位置坐标，$V_p(t)$ 为 t 时刻 P 的速度矢量。

从当前 t 时刻开始，假定未来固定周期内，本船与障碍物的速度矢量 V 都维持恒定，进而对本船的速度障碍区进行分析。根据图 4-20，在大地坐标系 $X_eO_eY_e$ 中，在 t 时刻时，本船的坐标为 $P_T = (x_T, y_T)$，速度矢量为 V_T；障碍物 O 的坐标为 $P_O = (x_O, y_O)$，速度矢量为 V_O。将本船 T 视为质点，障碍物 O 以安全距离 R_O 向外扩展，作为本船 T 的一个位置障碍（position obstacle，PO）。l_{MO} 与 l_{NO} 是以本船 T 为端点、与位置障碍 PO 相切的两条射线，D_{TO} 为 l_{TO} 方向上 T 与 PO 的距离。

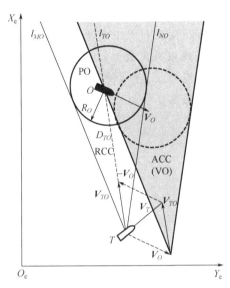

图 4-20　基于相对速度信息的速度障碍模型

1）相对碰撞区

V_{TO} 是本船 T 相对障碍物 O 的比较速度，$V_{TO} = V_T - V_O$，利用比较速度的转换，可将 O 视作静止障碍物，V_{TO} 视作 T 的速度矢量，l_{TO} 是这个矢量角度的射线，那么本船与障碍物撞在一起的数学表达为 $l_{TO} \bigcap PO \neq \varnothing$。

满足上述表达的所有 V_{TO} 的集合，就称为本船的一个相对碰撞区（relative collision cone，RCC）：$RCC = \{V_{TO} \mid l_{TO} \bigcap PO \neq \varnothing\}$，也就是图 4-20 中 l_{MO} 与 l_{NO} 包围的空间，对于本船的每一个相对速度 V_{TO}，当 $V_{TO} \in RCC$ 时，本船 T 与障碍物 O 将发生碰撞。

2）速度障碍

将 RCC 沿速度矢量 V_O 平移后得到绝对碰撞区（absolute collision cone，ACC），$ACC = RCC \oplus V_O$，$\oplus$ 表示闵可夫斯基矢量和运算。可以看出，V_T 的指向终点落在 ACC 的数学近似表达，即 $V_{TO} \in RCC$，在这种情况下，本船不能和障碍物 O 安全避开。ACC 表示 T 与 O 所有不能安全避开的 V_T 的组合，也称为本船的速度障碍（velocity obstacle，VO），即

$$VO = \{V_T \mid l_{TO} \bigcap PO \neq \varnothing\} \tag{4-60}$$

对于开阔水域航行中以固定速度航行的机动船，出于主机保护程序等客观限制，通

常单靠转向进行目标避碰。因此，重点关注的是如何获得本船能够采用的不与任何目标船以及障碍物发生碰撞的所有可能转向组合。

思考与练习

1. 小型无人艇实现沿着预定航线智能航行任务的运动控制系统通常包括哪几部分？各个部分的功能是什么？

2. 请绘制典型无人艇自主航行系统控制原理框图。

3. 请绘图阐述视线角制导原理及前视距离调整方法。

4. 请结合公式阐述 PID 原理以及离散型和连续型的区别与联系。

5. 请简述自抗扰控制技术原理以及绘制框图说明自抗扰控制系统架构。

6. 请说出有哪些常见的避障算法，以及其各自有何特点。

第5章 无人艇视觉识别与相对定位

视觉传感器是目前无人系统领域最热门的感知手段之一，具有广泛的应用场景。通过视觉识别无人艇前方和周边障碍物或感兴趣目标，可为无人艇的对接回收、自主避障等功能提供必要的感知输入。由于小型无人艇受海况影响摇摆幅值大、海洋环境湿度高，因此海上视觉传感器需要重点关注图像稳定、去雾等问题。图 5-1 所示为基于视觉的无人艇水面目标识别与相对位姿估计架构图，图像通过视觉传感器获取后，经过预处理、校正、目标检测、位姿估计等一系列流程获取有用信息，解决水面目标检测和相对位姿信息解算问题，然后基于这些环境感知信息输入控制单元进行对应作业任务。视觉系统实现图 5-1 所示架构全部功能所需的基本原理介绍如下。

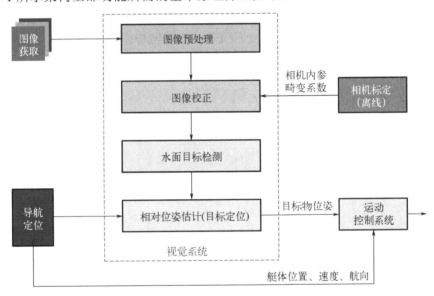

图 5-1 面向对接的视觉伺服系统架构

5.1 单目相机模型

光线通过镜头在传感器上进行成像的过程可以通过几何模型描述，其中最简单有效的两种为线性模型和非线性模型。

5.1.1 线性模型

对于单目相机，线性模型又称为针孔模型，其本质为小孔成像原理，如图 5-2 所示。下面将对该模型进行介绍，给出各个坐标系的定义。

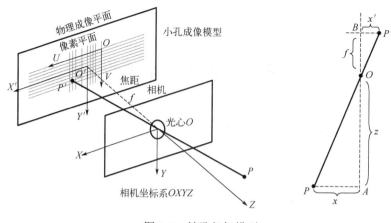

图 5-2　针孔相机模型

设 $OXYZ$ 为相机坐标系，O 代表相机的光心。光学成像传感器所在的平面被称为物理成像平面 $O'X'Y'$，它和光心之间的距离正好为相机镜头的焦距 f。现假设物理世界中有一空间点 P（设其在相机坐标系下的坐标为 $[x, y, z]^T$），经过小孔 O 投影之后，在物理成像平面上，像点为 P'（坐标为 $[x', y', z']^T$），则根据相似三角形定理，可得如下关系式：

$$\frac{z}{f} = \frac{x}{x'} = \frac{y}{y'} \tag{5-1}$$

将 x'、y' 同时放到等式左边，整理得

$$\begin{cases} x' = f\dfrac{x}{z} \\ y' = f\dfrac{y}{z} \end{cases} \tag{5-2}$$

式（5-2）描述了空间点 P 和像点 P' 之间的转换关系，单位为标准长度单位，但图像通常以像素为单位进行描述，为了描述像点的位置与像素点的对应关系，引入像素平面 OUV，并令像素平面上 P' 的（像素）坐标为 $[u, v]^T$。

像素坐标系又称为图像坐标系，图像左上角为其原点 O' 所在的位置，像素坐标系和物理成像平面之间的平移量定义为 $[c_X, c_Y]^T$，此外，结合感光元件物理尺寸和像素单位之间的缩放关系，得到 P' 的坐标在像素坐标下的表达式：

$$\begin{cases} u = \alpha x' + c_X \\ v = \beta y' + c_Y \end{cases} \tag{5-3}$$

式中，α 和 β 为缩放倍数，将式（5-3）代入式（5-2），整理得

$$\begin{cases} u = f_X\dfrac{x}{z} + c_X \\ v = f_Y\dfrac{y}{z} + c_Y \end{cases} \tag{5-4}$$

式中，$\begin{cases} f_X = \alpha f \\ f_Y = \beta f \end{cases}$，$f$ 的单位为米，α、β 的单位为像素/米，可以推出 f_X、f_Y 以及 c_X、c_Y 都是以像素为单位。结合齐次坐标，将式(5-4)重写为矩阵形式，则得到更加简洁的表达：

$$\begin{bmatrix} u \\ v \\ 1 \end{bmatrix} = \frac{1}{z} \begin{bmatrix} f_X & 0 & c_X \\ 0 & f_Y & c_Y \\ 0 & 0 & 1 \end{bmatrix} \begin{bmatrix} x \\ y \\ z \end{bmatrix} \overset{\text{def}}{=} \frac{1}{z} KP \tag{5-5}$$

式(5-5)给出了相机线性模型的数学表达。其中，中间 3×3 的矩阵被定义为相机的内参数矩阵 K，简称为相机内参。

如前所述，式(5-5)中，P 是在相机坐标系下定义的坐标，它可以通过相机在世界坐标系中的位姿和 P 的世界坐标 P_w 转换而来，则有

$$P = RP_w + t = [R \,|\, t] \begin{bmatrix} X_w \\ Y_w \\ Z_w \\ 1 \end{bmatrix} \overset{\text{def}}{=} TP_w \tag{5-6}$$

式中，R 和 t 为相机坐标系与世界坐标系之间的旋转矩阵和平移向量。进一步将 z 移到等式左边，整理得

$$ZP_{UV} = z \begin{bmatrix} u \\ v \\ 1 \end{bmatrix} = K(RP_w + t) = K[R \,|\, t]P_w = KTP_w \tag{5-7}$$

写成完整形式，有

$$z \cdot \begin{bmatrix} u \\ v \\ 1 \end{bmatrix} = \begin{bmatrix} f_X & 0 & c_X \\ 0 & f_Y & c_Y \\ 0 & 0 & 1 \end{bmatrix} \cdot \begin{bmatrix} r_{11} & r_{12} & r_{13} & t_1 \\ r_{21} & r_{22} & r_{23} & t_2 \\ \underbrace{r_{31} \quad r_{32} \quad r_{33}}_{R} & \underbrace{t_3}_{t} \end{bmatrix} \overset{\text{def}}{=} KTP_w \tag{5-8}$$

该模型描述了空间点 P 的世界坐标转换为像素坐标的过程。其中，矩阵 $T = [R \,|\, t]$ 被称为相机的外参数矩阵，描述了世界坐标系与相机坐标系之间的转换关系。

5.1.2 非线性模型

在相机的实际设计和生产制造过程中，会在镜头前方安装透镜，同时，在组装过程中不可避免地会引入安装误差，这些因素的存在，使得光线的投影成像过程不再线性，单纯的线性模型不足以对实际成像过程进行描述，因此引入相机非线性模型，即相机畸变模型。

引入透镜所产生的畸变称为径向畸变，该变形又会呈现两种效果，如图 5-3 所示，其中图(b)为枕形畸变，图(c)为桶形畸变。可以看出，越靠近图像的边缘，这种畸变的情况越明显。另外，相机制造安装过程中的误差会带来切向畸变，如图 5-4 所示为造成切向畸变的示意图。

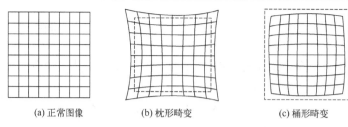

(a) 正常图像　　　(b) 枕形畸变　　　(c) 桶形畸变

图 5-3　正常图像和径向畸变的两种形式

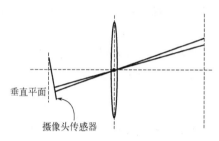

垂直平面

摄像头传感器

图 5-4　切向畸变成因示意图

下面结合极坐标形式($[r,\theta]^{\mathrm{T}}$，r 表示点到坐标轴原点的距离，θ 表示与水平轴的夹角，且逆时针方向为正)，给出这两种相机畸变模型的数学表达。对于径向畸变，其坐标相当于在径向方向乘以一个变化系数，且该变化系数和与光心的距离可以用二次多项式来描述，因此有

$$\begin{cases} x_r = x(1 + k_1 r^2 + k_2 r^4 + k_3 r^6) \\ y_r = y(1 + k_1 r^2 + k_2 r^2 + k_3 r^6) \end{cases} \tag{5-9}$$

式中，$[x_r, y_r]^{\mathrm{T}}$ 表示去除径向畸变后的坐标；$[x, y]^{\mathrm{T}}$ 是校正之前的坐标(这里是在归一化平面上来讨论)。

对于切向畸变，其坐标相当于沿着切线方向发生了改变，用 m_1 和 m_2 两个参数来进行描述：

$$\begin{cases} x_r = x + 2m_1 xy + m_2(r^2 + 2x^2) \\ y_r = y + m_1(r^2 + 2y^2) + 2m_2 xy \end{cases} \tag{5-10}$$

结合上面两种畸变模型，对于相机坐标系中的点 P，坐标为 $[x, y, z]^{\mathrm{T}}$，其去畸变步骤如下。

(1) 首先将点 P 投影到归一化平面，得到归一化坐标 $[x, y]^{\mathrm{T}}$；

(2) 利用上述模型中的 5 个参数对归一化平面上的点进行径向和切向的畸变校正；

$$\begin{cases} x_r = x(1 + k_1 r^2 + k_2 r^4 + k_3 r^6) + 2m_1 xy + m_2(r^2 + 2x^2) \\ y_r = y(1 + k_1 r^2 + k_2 r^2 + k_3 r^6) + m_1(r^2 + 2y^2) + 2m_2 xy \end{cases} \tag{5-11}$$

(3) 将校正后的点通过内参数矩阵变化，投影到像素坐标系中，得到正确的点坐标：

$$\begin{cases} u = f_X x_r + c_X \\ v = f_Y y_r + c_Y \end{cases} \tag{5-12}$$

5.2　光学图像预处理

光学图像预处理是图像处理领域的重要环节，旨在提升图像质量和可用性。通过去噪、增强对比度、校正光照等技术，可以有效改善图像的清晰度和细节，为图像分析和特征提取奠定基础。这一过程广泛用于海洋装备感知领域，以更加准确地完成视觉目标识别。预处理不仅优化了图像的视觉效果，还提高了自动化处理的效率和准确性。

5.2.1　灰度转换

通常图像都是以彩色形式进行采集和存储的，不过在图像处理中，很多时候需要将三通道的彩色图像转换为单通道的灰度图来进行处理，从而大幅度缩减运算量并降低内存消耗。灰度图融合了彩色图像的三通道信息，从整幅图像的亮度等级分布特征来看，灰度图和彩色图像具有高度的相似性，所以很多应用场景从降低计算量出发直接以灰度图为基础进行处理，这对于图像处理领域具有重要意义。

对于 RGB 图像转灰度图，其经典公式为

$$I_{\text{gray}} = 0.299 \times R + 0.587 \times G + 0.114 \times B \tag{5-13}$$

但由于图像处理中的计算量通常较大，应尽量避免浮点运算，因此有了优化后的整数位移算法，在 16 位精度下，有

$$I_{\text{gray}} = (19595 \times R + 38469 \times G + 7472 \times B) \gg 16 \tag{5-14}$$

图 5-5 所示为 RGB 彩色图像转换为灰度图的结果，虽然丢失了色彩信息，但是很好地保留了整幅图像的亮度等级分布以及纹理、边缘等各种细节。

彩图

(a)原图　　　　　　　　　　　　　　　　　(b)灰度图

图 5-5　RGB 彩色图像转灰度图的结果

5.2.2　图像滤波

本书主要在空间域讨论图像滤波问题。图像滤波是指根据图像中某个像素点周围的其他像素值，通过某种计算方法重新确定该点新的像素值，通过图像滤波，可以达到平滑图像、去除噪声、锐化图像等目的，通常可分为线性滤波器和非线性滤波器。

对线性滤波器而言，其原理是线性卷积。设原始像素强度为 I，(u,v) 处滤波后的像素值为 $I'(u,v)$，$H(i,j)$ 为一个二维函数，则有

$$I'(u,v) = \sum_i \sum_j I(u-i,v-j) \cdot K(i,j) \tag{5-15}$$

从式 (5-15) 中可以看出，新的像素值就是 (u,v) 邻域内所有像素的加权和，而该邻域中各像素的权重由 $K(i,j)$ 来表示，它决定了滤波的最终效果，通常将它称为滤波矩阵或者滤波器的内核 (kernel)。

线性滤波器中最常用的为均值滤波器和高斯滤波器。均值滤波器的内核形如图 5-6(a) 所示，这是一个 3×3 的线性滤波器，其将该邻域内所有像素和的平均值作为新的值赋给与该内核中心重合的像素。

1/9	1/9	1/9
1/9	1/9	1/9
1/9	1/9	1/9

(a) 均值滤波器内核

$\dfrac{1}{273}$

1	4	7	4	1
4	16	26	16	4
7	26	41	26	7
4	16	26	16	4
1	4	7	4	1

(b) 二维高斯滤波器内核

图 5-6　线性滤波器的内核示例

对于高斯滤波器，它利用高斯分布函数来计算用于卷积的内核，其对于抑制服从正态分布的噪声有着很好的效果。图 5-7 所示为一维高斯分布函数和二维高斯分布函数及其图像表示，可以看出，使用高斯函数来计算内核与均值滤波内核有所不同，越靠近被滤波像素点的地方权重越大，越远离的地方权重越小，并且权重差异的大小随着标准差 σ 的增大而减小，所以 σ 的取值在很大程度上影响了滤波后图像被平滑的程度，σ 越小，则平滑程度越小，滤波后的图像越接近原图。图 5-6(b) 所示为二维高斯滤波器内核的一个示例。

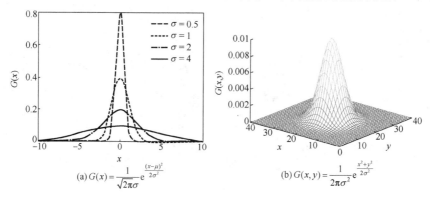

(a) $G(x) = \dfrac{1}{\sqrt{2\pi}\sigma} e^{\frac{(x-\mu)^2}{2\sigma^2}}$ 　　(b) $G(x,y) = \dfrac{1}{2\pi\sigma^2} e^{\frac{x^2+y^2}{2\sigma^2}}$

图 5-7　高斯分布函数及其示意图

中值滤波器为一种典型的非线性滤波器，其思想是：在被滤波像素的一个邻域内，统计所有像素值，找出其中的中位数作为新的像素值填入该像素中。该邻域称为窗，窗口大小会影响滤波效果，一般而言，窗口值越大，滤波后的图像涂抹感越强，可能会丢失细节，因此在使用时需要合理选择。中值滤波器对去除图像中的椒盐噪声有绝佳的效果。

以上介绍了三种常见的图像滤波器，图 5-8 展示了对同一幅图像使用不同滤波器处理

之后的效果。其中，均值滤波器和高斯滤波器的内核大小同为 7×7，高斯滤波器中 $\sigma_x = \sigma_y = 2$，中值滤波器窗口大小为 7。可以看出，中值滤波对椒盐噪声有更好的滤除效果，而且对边缘信息保留得很好，不过图像的纹理信息有所丢失。另外，由于高斯滤波器加权系数的不同，它与均值滤波相比对椒盐噪声的处理相对较弱，但使图像保留了更多的边缘信息和纹理细节。在一般情况下，倾向于选择高斯滤波器，因为图像的纹理信息和边缘信息非常重要。

(a) 原图　　　　　　　　　　　　　　　　　(b) 均值滤波

(c) 高斯滤波　　　　　　　　　　　　　　　(d) 中值滤波

图 5-8　各滤波方式效果对比

5.2.3　图像边缘检测

边缘检测是图像处理中一个重要的研究领域，图像的边缘往往代表着图像中某些物体的轮廓，所以如果能够准确检测出边缘信息，就等同于定位到了图像中物体的位置，同时其形状、面积、长宽比等信息都可以得到。

边缘，在图像中往往表现为图像的亮度变化剧烈的地方，而对某种量变化快慢的描述通常以梯度来衡量，各种边缘检测算法都是基于该原理进行计算的。另外，边缘检测算法本质上是一种特殊的图像滤波，只是用于滤波的内核矩阵不同，但是二者的运算原理是完全相同的。下面将介绍几种常见的边缘检测算子，其具体形式如图 5-9 所示。

（1）Roberts 算子。从图 5-9 中的内核模板可以看出，该算子分别采用了两个对角线方向上两个像素的差值来计算 u、v 方向的梯度，边缘检测效果准确，但是对噪声比较敏感。

（2）Prewitt 算子。该算子利用周围 8 邻域的灰度值来估计中心像素的梯度，并且平等看待每一梯度的贡献，同样分两个方向分别进行计算，最后合成即可。

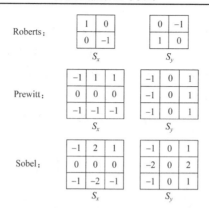

图 5-9　各边缘检测算子内核矩阵(S_x、S_y 为卷积核)

（3）Sobel 算子。该算子在 Prewitt 算子的基础上做了改进，其更加强调中心像素点的梯度贡献，所以对中心像素点的梯度进行差分表示时，给予更高的权重。由于综合了邻域内的多个梯度信息，减小了噪声的影响，相对于 Roberts 算子有更稳定的表现。

通过上面这些算子的计算得到梯度图，再通过对梯度幅值进行阈值化处理，获取图像中主要边缘的二值化分布图。但是上述算法均存在一定局限性，主要体现在两个方面：①检测出来的边缘相对较厚；②在进行梯度幅值阈值化处理时，很难找到既能检测出图像中的所有重要边缘，同时又能除掉许多无关紧要的边缘的阈值。在第二点中，前者需要较低的阈值，而后者需要较高的阈值才能实现，因此很难做到二者都理想的效果。于是，有学者提出了 Canny 边缘检测算子来解决上述问题。

（4）Canny 算子。该算子旨在寻找出图像的最优边缘，为了达到这一目的，主要进行了四个处理步骤。第一，对图像进行高斯滤波处理，以去除图像中的高频噪声。第二，借助 Sobel 算子(这里也可以使用其他合适的基础边缘检测算子)计算梯度图像和梯度方向图。第三，对梯度图像进行非最大值抑制，即在 8 邻域内，寻找像素梯度的局部最大值，将其他非最大值点的灰度值置零，通过这一步操作移除伪边缘像素点，使得边缘得到细化。第四，使用双阈值进行最终边缘的确定，只要高低阈值选取合适，通过该方法就可以得到高质量的轮廓图。图 5-10 所示为 Canny 边缘检测的效果示意图。

(a) 原图　　　　　　　　　　　(b) 边缘

图 5-10　Canny 边缘检测效果示意图

5.3　水面图像去雾处理

海洋环境复杂多变，光学图像的成像质量和环境因素息息相关，而雾天是海上环境出现较多的一种。雾天对光学图像有很大影响，会造成图像对比度下降、色彩信息丢失、锐度退化、目标轮廓不清晰等问题，且距离越远，这种影响的效果会越剧烈。因此，在基于光学图像处理的海面对接回收任务中，很有必要进行图像去雾的研究工作。在本书应用中将基于大气物理散射模型，并结合暗通道先验理论，解决无人艇在雾天环境下进行作业时的图像去雾问题。

5.3.1　暗通道先验理论

暗通道先验理论是何凯明等通过对 5000 多幅图像进行统计学研究之后得出的一个重要客观规律。其核心思想如下：对于一幅无雾的光学图像，在绝大多数非大面积天空或者非白色物体的局部区域里，总会存在某些像素点，其 R、G、B 三个通道中至少有一个通道的值是一个很小的数。如图 5-11 所示，其中图 (a)、(c) 为原图，图 (b)、(d) 为暗通道图，可以看出无雾图像的暗通道图接近黑色，而对于有雾图像，其暗通道图的强度明显大很多，而且雾气越明显的地方，其暗通道图中对应的地方也越明亮。对于任意一幅光学图像 $\boldsymbol{J}$，其暗通道 J^{dark} 可以用如下表达式来进行描述：

$$J^{\text{dark}}(x) = \min_{y \in \varOmega(x)} \left(\min_{c \in \{r,g,b\}} J^c(y) \right) \tag{5-16}$$

式中，J^c 表示三通道彩色图像的单通道图像；$\varOmega(x)$ 表示以像素 x 为中心的一个小窗口。

(a) 无雾图像

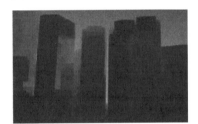

(b) 无雾图像的暗通道图

(c) 有雾图像

(d) 有雾图像的暗通道图

图 5-11　无雾图像、有雾图像及其暗通道图像对比

根据暗通道先验理论，对于无雾图像，有

$$J^{\text{dark}} \rightarrow 0 \tag{5-17}$$

5.3.2 基于暗通道先验的图像去雾

基于暗通道先验的图像去雾算法借助了大气物理散射模型，雾图形成模型如下：

$$I(x) = J(x)t(x) + A(1 - t(x)) \tag{5-18}$$

式中，等式右边的第一项表示场景反射光衰减后的模型，第二项表示大气光成像模型，$I(x)$ 是通过摄像机获取的图像（即待去雾的图像）；$J(x)$ 是期望获得的无雾图像，A 是全局光强值；$t(x)$ 是大气透射率。要求解 $J(x)$，需要计算出 A 和 $t(x)$。

将式（5-18）变形为

$$\frac{I^c(x)}{A^c} = t(x)\frac{J^c(x)}{A^c} + 1 - t(x) \tag{5-19}$$

如前所述，上标 c 为 R、G、B 三个通道中的一个。

现假设在每一个窗口 $\Omega(x)$ 内，透射率 $t(x)$ 为常数，并将其定义为 $\tilde{t}(x)$，同时假设 A 已知，则将式（5-19）的等号两边同时进行两次最小值运算，得

$$\min_{y \in \Omega(x)}\left(\min_{c \in \{r,g,b\}}\frac{I^c(y)}{A^c}\right) = \tilde{t}(x)\min_{y \in \Omega(x)}\left(\min_{c \in \{r,g,b\}}\frac{J^c(y)}{A^c}\right) + 1 - \tilde{t}(x) \tag{5-20}$$

根据式（5-20）并结合前述暗通道先验理论，可推导出：

$$\min_{y \in \Omega(x)}\left(\min_{c \in \{r,g,b\}}\frac{J^c(y)}{A^c}\right) = 0 \tag{5-21}$$

将式（5-21）代入式（5-20）：

$$\tilde{t}(x) = 1 - \min_{y \in \Omega(x)}\left(\min_{c \in \{r,g,b\}}\frac{I^c(y)}{A^c}\right) \tag{5-22}$$

得到透射率的预估值 $\tilde{t}(x)$。为了让图像看起来更自然，引入去雾程度因子 $\omega \in [0,1]$，修正为

$$\tilde{t}(x) = 1 - \omega\min_{y \in \Omega(x)}\left(\min_{c \in \{r,g,b\}}\frac{I^c(y)}{A^c}\right) \tag{5-23}$$

通常 $\omega = 0.95$，也可以根据实际需要进行适当调整，值越大，去雾效果越强，反之效果越弱。此处的透射率为一个估计值，比较粗糙，使用软抠图（soft matting）的方法对该估计透射率进行优化，改善去雾效果。

在上述推导过程中，事先假设大气光强值 A 已知，在实际计算时，可以借助暗通道图获取该值，其具体步骤如下。

（1）从暗通道图中按照亮度值的大小取前 0.1%的像素（即取出具有代表性的高亮度像素点）。

（2）在这些位置中，从原始图像（有雾图像）中寻找对应位置的像素点，然后在原图的

这些像素点中取亮度最大的像素点值作为大气光强值A。

由式(5-18)可得

$$J(x) = \frac{I(x) - A}{t(x)} + A \tag{5-24}$$

引入最低阈值t_0，当$t < t_0$时，令$t = t_0$。因此，图像去雾公式为

$$J(x) = \frac{I(x) - A}{\max(t(x), t_0)} + A \tag{5-25}$$

本书中，取$t_0 = 0.1$为标准进行计算和复原。

图 5-12 所示为基于暗通道先验的去雾算法流程图。图 5-13 所示为去雾前后的图像对比，可以看出该方法对于没有大面积天空存在的图像，有着优异的去雾效果。

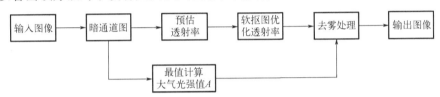

图 5-12 基于暗通道先验的去雾算法流程图

(a) 去雾前   (b) 去雾后

图 5-13 去雾前后图像对比

5.3.3 暗通道先验去雾算法改进

基于暗通道先验的去雾算法简单易懂、效果优异，为图像去雾和增强领域的研究提供了新思路。但是，该方法也存在如下一些不足。

第一点，算法耗时较大。算法中使用了软抠图的方法来优化预估透射率图，该方法计算量很大，无法达到实时处理的要求。本书采用导向滤波算法对预估透射率图进行优化，并且采用原图的灰度图进行引导，进一步降低求取高精度暗通道图的耗时。其次，在进行去雾操作前，先对原图进行降采样再后处理，最后将得到的透射率图上采样到原图尺寸再进行去雾操作。通过该策略可以有效降低计算耗时。

第二点，天空区域透射率不足。通过式(5-18)可得

$$t(x) = \frac{I^{\text{dark}}(x) - A}{J^{\text{dark}}(x) - A} = \frac{A - I^{\text{dark}}(x)}{A - J^{\text{dark}}(x)} \tag{5-26}$$

　　无论对于有雾图像还是晴朗天气拍摄的无雾图像，当画面中出现大面积天空区域或者白色物体时，这些区域的像素点的三通道值都很高，此时图像不再满足暗通道先验理论的规律，即 $J^{dark}(x)$ 不再趋近于零，使得式(5-25)中的分母项增大，从而导致透射率的计算值和真实值相比远远偏小，使得天空区域被过度去雾化，画面出现严重的块效应，很不自然，如图 5-14 所示。

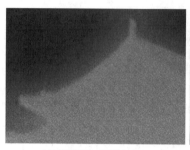

(a) 天空透射率严重偏小　　　　　　　(b) 去雾后的图像出现严重的块效应

图 5-14　天空透射率偏小和块效应示意图

　　为了解决该问题，需要对透射率图的计算进行补偿，还原天空该有的高透射率值。通过分析可以发现，天空区域是一幅图像中的高光区域，而大气光强值是一幅图像中最亮点的像数值，因此天空区域的像素强度和大气光强值 A 相对接近，而且二者越接近，其对应的透射率就越趋近于 1。于是，采用线性容差修正算法对天空透射率进行补偿：

$$t_r(x) = \max\left(1 - \frac{|I(x) - A|}{\Delta}[1 - t(x)], \max(t(x), t_0)\right) \tag{5-27}$$

式中，$t_r(x)$ 为补偿后的透射率值；$t(x)$ 为补偿前的透射率值；$I(x)$ 为原始图像的像素强度；Δ 为容差系数，决定着天空区域的范围。通过式(5-27)可以看出：

　　(1)当 $I(x) = A$ 时，补偿后的透射率等于 1；

　　(2)当 $0 < |I(x) - A| \leqslant \Delta$ 时，认为这些像素属于天空区域，需要进行补偿，且随着差值的增大，补偿值从 1 开始线性递减，这可以有效避免色块效应；另外，Δ 也会影响去雾效果，本书中取 $\Delta = 40$；

　　(3)当 $|I(x) - A| > \Delta$ 时，认为这些像素不属于天空区域，不需要补偿，$t_r(x) = t(x)$。

　　另外需要指出的是，如果图像中没有大面积天空区域存在，则不需要进行补偿，不然会使部分区域去雾效果降低，反而达不到最理想的效果，所以进行该优化前，需要对是否存在天空区域进行自动判断。

　　第三点，对于大气光强值 A 的计算，本书中不采用最亮像素点值的方法，而是用前面所说的暗通道图中亮度值前 0.1% 的像素，所对应的原图中的所有像素点的亮度平均值来作为 A 值。

　　第四点，由于本书的应用场景需要能实现自主处理，所以需要程序能够自动判定当前图像是否需要进行去雾处理。结合本书的应用背景，海上自主对接任务时，采集到的图像一般都包含水天线以上的天空区域，因此可只取水天线以下的图像，并结合有雾图像和无雾图像的暗通道图的先验知识进行对比分析,如图 5-15 所示,即可判断图像是否需要进行去雾操作。本书的具体做法如下:

(1)取原始图像的水天线以下的图像,并对其求取暗通道图;

(2)取暗通道图中的像素值逐一与设定常数 C 进行对比,本书中取 $C=100$;

(3)如果其中有超过三分之二的像素值大于设定常数 C,则认为应该进行去雾处理,否则跳过此处理环节。

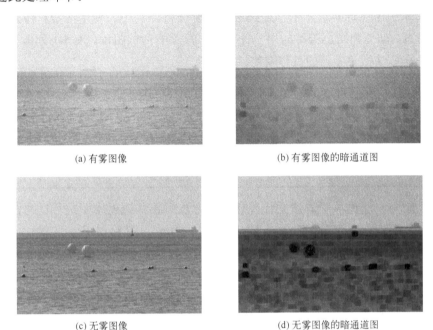

(a) 有雾图像   (b) 有雾图像的暗通道图

(c) 无雾图像   (d) 无雾图像的暗通道图

图 5-15 海面有雾图像和无雾图像水天线以下的暗通道图对比

图 5-16 通过流程框图的形式对面向海上自主对接回收任务背景下的去雾算法进行了总结概括。在获取图像后,首先进行降采样处理并计算得到暗通道图像,基于此进行是

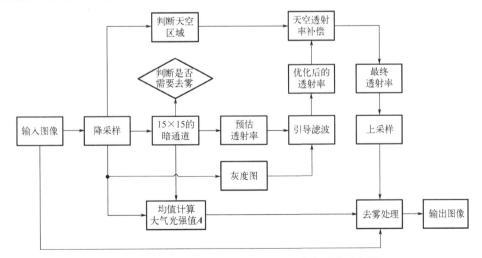

图 5-16 面向海上对接回收任务的图像去雾算法框图

否需要去雾的判断，如果图像不需要进行去雾处理，则该算法自动跳出，否则应执行与去雾算法相关的其余操作。这样既能在雾天时对图像进行复原，又能在无雾天气情况下防止图像的失真并减少算法执行的时间，增强了整个图像处理程序的准确性和实时性。

5.3.4　试验仿真及结果分析

针对上述改进后的图像去雾算法，通过仿真分析的方式，从透射率优化效果、实际去雾效果和算法运行时间这几个维度来进行评价分析。其中，使用的素材图片部分为实拍的试验场景，部分为网上流行的用于评价去雾算法的测试图片。表 5-1 列出了仿真测试程序中，去雾算法相关参数的具体取值。

表 5-1　改进算法中的参数取值

参数	取值	参数	取值
ω	0.95	暗通道图窗口大小	15
t_0	0.1	引导滤波窗口大小	40
Δ	40	雾天图像判断常数 C	100

改进算法中，通过导引滤波来代替软抠图方法对预估透射率图进行优化，并且根据判断是否有大面积天空存在，引入对天空投射率的补偿。图 5-17 所示为优化前后的透射率图的对比，其中图(b)为预估透射率图，可以看到，由于暗通道计算时最小值滤波窗口的存在，因此预估计透射率图有明显的窗口效应，丢失了很多边缘细节；图(c)为通过软抠图方法进行的优化，可以看到透射率图变得精细了很多；图(d)为通过导向滤波的方式进行的优化，其相较于软抠图的方法，细节方面更加丰富，更多的边缘得到了保留和展现，这将更有利于图像的复原。此外，在其他条件一致的情况下(未进行降采样处理时)，软抠图方法耗时在 320~350ms，而导向滤波的方法耗时在 100~130ms 之间，运算速度提升明显。

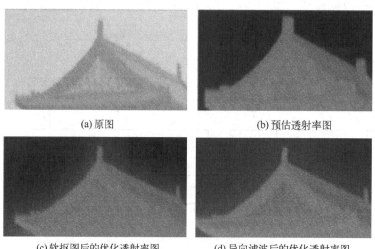

(a) 原图   (b) 预估透射率图

(c) 软抠图后的优化透射率图   (d) 导向滤波后的优化透射率图

图 5-17　优化前后的透射率图对比

图 5-18 所示为补偿前后的透射率图对比，天空区域严重偏小的透射率被补偿到正常范围，画面过渡自然，且局部区域变得更加细腻，展现出更多细节。

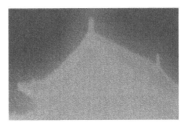

(a) 补偿前天空透射率　　　　　　　　　　　　　　(b) 补偿后天空透射率

图 5-18　补偿前后的透射率图对比

在图像复原阶段，对上述三种透射率条件下的图像复原结果进行比较。图 5-19 所示为带天空区域的建筑图像，在主观评价体系下可以看出，从整体的去雾程度上来讲，三者的复原效果差距不大，都能较好地对图像进行去雾处理。但是，在使用预估透射率进行图像复原时，由于透射率图过于粗糙，所以在边缘过渡区的雾无法去除，留下一条固定宽度的"雾带"，同时天空区域出现色块现象且有偏色；在软抠图方法的优化下，复原图中边缘过渡区域的"雾带"被消除，使其自然了很多，但是天空区域的问题依然存在，没有明显改善；通过改进算法得到的复原图中，天空区域得到正常处理，色块现象消失，偏色问题消除，天空区域和非天空区域过渡自然，整体去雾效果很好，相较于原图而言，对比度、饱和度、清晰度都得到了有效的提高，为后续的图像处理工作奠定了良好基础。在本书的算法下，海面和天空过渡自然，目标球体清晰可见，颜色信息更准确，便于后期的目标检测与定位。

(a) 原图　　　　　　　　　　　　　　　　　(b) 预估透射率图下的复原图

(c) 软抠图方法下的复原图　　　　　　　　　　　(d) 引导滤波下的复原图

图 5-19　海上图像各方法下的复原图对比

最后，对提出的通过上、下采样的方式来提高算法的运算效率这一改进进行实际评估，对于一幅 1280×720 的有雾图像，分别对比其直接处理和降采样处理（降采样为320×180）的效果与处理时长，在进行时间对比评估时，每种处理方式分别进行 5 次试验。图 5-20 对比了两种处理方式的结果，可以看出，降采样处理后的透射率图相对于直接处理的结果会有一定程度的精度下降，但总体效果基本保持一致，这使得最终的去雾效果虽然没有直接处理得那样彻底，但二者差异不大，其去雾效果足够后续处理使用。

(a) 直接处理的透射率图

(b) 降采样处理的透射率图

(c) 直接处理的去雾效果

(d) 降采样处理的去雾效果

图 5-20　直接处理和降采样处理的透射率图对比与去雾效果对比

反观两者的处理时长，如表 5-2 所示，降采样处理的耗时均值为 44.6ms，直接处理的耗时均值为 126.6ms，前者的处理耗时基本为后者的三分之一，这对需要实时运行的算法来说至关重要，因此这种改进对于无人艇现场应用需求必不可少。

表 5-2　直接处理和降采样处理的耗时比较

试验次序	直接处理耗时/ms	降采样处理耗时/ms
第一次	129	46
第二次	124	43
第三次	121	47
第四次	122	43
第五次	127	44
均值	126.6	44.6

5.4　视觉相机标定和图像校正

通过二维图像信息解算出目标物体的全部或者部分三维空间信息是进行视觉伺服控制的基础。通过相机成像模型可以看出，如果要根据像素坐标系的信息求解出点的空间位置，则必须已知相机内参和相机畸变系数。但是，通常情况下，这些参数是未知的，需要结合相应算法并开展试验去求解，这个计算求解的过程就是相机标定，标定结果的准确度和标定算法的稳定性直接影响着后续解算工作的准确度与稳定性，非常关键。

5.4.1　张氏标定法

本书采用张氏标定法进行相机标定工作，张氏标定法是指张正友教授在 1999 年提出的单目相机标定方法。该方法使用如图 5-21 所示的棋盘格图像作为标定参照物，具有模板制作容易、使用方便、成本低、鲁棒性好、准确率高等优点。

图 5-21　张氏标定法中的棋盘格型标定参照物及其世界坐标系定义

该方法中，世界坐标系定义在棋盘格上，以棋盘格的两边作为 X 和 Y 轴，Z 轴垂直于棋盘格向上，所以棋盘格上的任意一点的 Z 轴坐标为 0。另外，棋盘格的大小是人为可控的，所以棋盘格中所有角点的世界坐标是已知量，而且，通过图像处理技术，很容易获得图像中角点的像素坐标。根据这两套对应的坐标点信息，对相机进行标定，求出需要的参数。

由相机成像模型可知：

$$z\begin{bmatrix} u \\ v \\ 1 \end{bmatrix} = \begin{bmatrix} f_X & 0 & c_X \\ 0 & f_Y & c_Y \\ 0 & 0 & 1 \end{bmatrix} \cdot [\boldsymbol{R}_1 \quad \boldsymbol{R}_2 \quad \boldsymbol{R}_3 \mid \boldsymbol{t}] \cdot \begin{bmatrix} x_w \\ y_w \\ 0 \\ 1 \end{bmatrix} = \boldsymbol{K}[\boldsymbol{R}_1 \quad \boldsymbol{R}_2 \mid \boldsymbol{t}] \begin{bmatrix} x_w \\ y_w \\ 1 \end{bmatrix} \tag{5-28}$$

令

$$\boldsymbol{H} = \boldsymbol{K}[\boldsymbol{R}_1 \quad \boldsymbol{R}_2 \mid \boldsymbol{t}] = [\boldsymbol{H}_1 \quad \boldsymbol{H}_2 \quad \boldsymbol{H}_3] = \begin{bmatrix} H_{11} & H_{12} & H_{13} \\ H_{21} & H_{22} & H_{23} \\ H_{31} & H_{32} & H_{33} \end{bmatrix} \tag{5-29}$$

则有

$$\begin{bmatrix} u \\ v \\ 1 \end{bmatrix} = \frac{1}{z} \cdot \boldsymbol{H} \begin{bmatrix} x_w \\ y_w \\ 1 \end{bmatrix} = \frac{1}{z} \cdot \begin{bmatrix} H_{11} & H_{12} & H_{13} \\ H_{21} & H_{22} & H_{23} \\ H_{31} & H_{32} & H_{33} \end{bmatrix} \begin{bmatrix} x_w \\ y_w \\ 1 \end{bmatrix} \tag{5-30}$$

将式(5-30)展开后得到:

$$\begin{cases} u = \dfrac{H_{11}x_w + H_{12}y_w + H_{13}}{H_{31}x_w + H_{32}y_w + H_{33}} \\ v = \dfrac{H_{21}x_w + H_{22}y_w + H_{23}}{H_{31}x_w + H_{32}y_w + H_{33}} \end{cases} \tag{5-31}$$

式(5-31)对同一张标定棋盘格上的所有角点均成立。H 为齐次矩阵,其中有 8 个未知量待求,式(5-30)表明一个角点可建立两个约束方程,因此只要一张棋盘格上的角点数大于等于 4 个,就可以求解单应矩阵 H;角点数大于 4 个时,可通过最小二乘法回归得到最佳的 H。

下面讨论内参数矩阵的求解。由于 R_1 和 R_2 来自旋转矩阵 R,由旋转矩阵的单位正交特性可以得到如下约束关系:

$$\begin{cases} R_1^T R_2 = 0 \\ R_1^T R_1 = R_2^T R_2 = I \end{cases} \tag{5-32}$$

由式(5-29)可得

$$\begin{cases} R_1 = K^{-1}H_1 \\ R_2 = K^{-1}H_2 \end{cases} \tag{5-33}$$

将式(5-33)代入式(5-32),有

$$\begin{cases} H_1^T K^{-T} K^{-1} H_2 = 0 \\ H_1^T K^{-T} K^{-1} H_1 = H_2^T K^{-T} K^{-1} H_2 = I \end{cases} \tag{5-34}$$

令

$$M = K^{-T}K^{-1} = \begin{bmatrix} \dfrac{1}{f_X^{\,2}} & 0 & \dfrac{-c_X}{f_X^{\,2}} \\ 0 & \dfrac{1}{f_Y^{\,2}} & \dfrac{-c_Y}{f_Y^{\,2}} \\ \dfrac{-c_X}{f_X^{\,2}} & \dfrac{-c_Y}{f_Y^{\,2}} & \dfrac{c_X}{f_X^{\,2}} + \dfrac{c_Y}{f_Y^{\,2}} + 1 \end{bmatrix} = \begin{bmatrix} M_{11} & M_{12} & M_{13} \\ M_{21} & M_{22} & M_{23} \\ M_{31} & M_{32} & M_{33} \end{bmatrix} \tag{5-35}$$

可以看到,M 是一个对称矩阵,其中只有 6 个未知参数。将 M 代入式(5-34)中,得

$$\begin{cases} H_1^T M H_2 = 0 \\ H_1^T M H_1 = H_2^T M H_2 = I \end{cases} \tag{5-36}$$

要求解 M 矩阵,必须计算 $H_i^T M H_j$,其中 H_i 表示单应矩阵的第 i 个行向量,即

$$H_i = [H_{i1} \quad H_{i2} \quad H_{i3}]^T \tag{5-37}$$

所以有

$$\boldsymbol{H}_i^{\mathrm{T}} \boldsymbol{M} \boldsymbol{H}_j = \begin{bmatrix} H_{i1} & H_{i2} & H_{i3} \end{bmatrix} \begin{bmatrix} M_{11} & M_{12} & M_{13} \\ M_{21} & M_{22} & M_{23} \\ M_{31} & M_{32} & M_{33} \end{bmatrix} \begin{bmatrix} H_{i1} \\ H_{i2} \\ H_{i3} \end{bmatrix} = \boldsymbol{v}_{ij} \boldsymbol{m} \tag{5-38}$$

其中

$$\boldsymbol{v}_{ij} = \begin{bmatrix} H_{i1}H_{j1} & H_{i1}H_{j2}+H_{i2}H_{j1} & H_{i2}H_{j2} & H_{i1}H_{j3}+H_{i3}H_{j1} & H_{i2}H_{j3}+H_{i3}H_{j2} & H_{i3}H_{j3} \end{bmatrix}$$

$$\boldsymbol{m} = \begin{bmatrix} M_{11} & M_{12} & M_{13} & M_{14} & M_{15} & M_{16} \end{bmatrix}^{\mathrm{T}}$$

经过以上推导，通过 $\boldsymbol{R}_1$ 和 $\boldsymbol{R}_2$ 单位正交得到的约束方程可以化为如下形式：

$$\begin{cases} \boldsymbol{v}_{12}^{\mathrm{T}} \boldsymbol{m} = \boldsymbol{0} \\ \boldsymbol{v}_{11}^{\mathrm{T}} \boldsymbol{m} = \boldsymbol{v}_{22}^{\mathrm{T}} \boldsymbol{m} = \boldsymbol{I} \end{cases} \tag{5-39}$$

即

$$\begin{bmatrix} \boldsymbol{v}_{12}^{\mathrm{T}} \\ \boldsymbol{v}_{11}^{\mathrm{T}} - \boldsymbol{v}_{22}^{\mathrm{T}} \end{bmatrix} \boldsymbol{m} \overset{\mathrm{def}}{=} \boldsymbol{v}\boldsymbol{m} = 0 \tag{5-40}$$

式中，矩阵 $\boldsymbol{v} = \begin{bmatrix} \boldsymbol{v}_{12}^{\mathrm{T}} \\ \boldsymbol{v}_{11}^{\mathrm{T}} - \boldsymbol{v}_{22}^{\mathrm{T}} \end{bmatrix}$，其所有元素皆来自单应矩阵 $\boldsymbol{H}$，上述已经提到，通过角点的对应关系可以求出 $\boldsymbol{H}$，因此 $\boldsymbol{H}$ 是一个已知量，故此处的 $\boldsymbol{v}$ 也已知，故只需求解该方程的解 $\boldsymbol{m}$，即可求得 $\boldsymbol{M}$ 矩阵的所有未知元素。式(5-40)提供了 2 个约束方程，但 $\boldsymbol{M}$ 矩阵的未知量(即 $\boldsymbol{m}$ 向量)有 6 个，因此至少需要三张标定板的信息，才能使方程有解，当标定板图像数量大于 3 时，通过最小二乘来拟合 $\boldsymbol{m}$ 向量的最优解，最终得到 $\boldsymbol{M}$ 矩阵。通常情况下，为了减小标定误差，可使用多张标定板图像并结合相关优化算法进行实际参数求解。

根据式(5-35)，可得

$$c_Y = \frac{M_{12}M_{13} - M_{11}M_{23}}{M_{11}M_{22} - M_{12}^2}$$

$$f_X = \sqrt{\frac{1}{M_{11}}}$$

$$f_Y = \sqrt{\frac{M_{11}}{M_{11}M_{22} - M_{12}^2}} \tag{5-41}$$

$$c_X = -M_{13}f_X^2$$

从而可求出相机内参，即内参数矩阵 $\boldsymbol{K}$ 被求解。

在此基础上，根据式(5-29)即可求得相机外参，其中根据旋转矩阵性质，可以通过叉乘计算出 $\boldsymbol{R}_3$，即 $\boldsymbol{R}_3 = \boldsymbol{R}_1 \times \boldsymbol{R}_2$。

在张氏标定法中，只考虑径向畸变，且忽略掉畸变模型中的高阶项($k_3 = 0$)，只对 k_1 和 k_2 进行求解。根据式(5-12)，可类推如下：

$$\begin{cases} u = f_X x + c_X \\ v = f_Y y + c_Y \end{cases}$$

$$\begin{cases} \hat{u} = f_X \hat{x} + c_X \\ \hat{v} = f_Y \hat{y} + c_Y \end{cases} \tag{5-42}$$

式中，$(u,v)^T$ 和 $(x,y)^T$ 分别表示未校正的像素坐标和归一化平面下的坐标；$[\hat{u},\hat{v}]^T$ 和 $[\hat{x},\hat{y}]^T$ 分别表示校正后的像素坐标和归一化平面下的坐标。结合式(5-42)和式(5-9)，可得

$$\hat{u} - c_X = (u - c_X)(1 + k_1 r^2 + k_2 r^4)$$
$$\hat{v} - c_Y = (v - c_Y)(1 + k_1 r^2 + k_2 r^4) \tag{5-43}$$

进一步化简并整理后，有

$$\begin{bmatrix} (\hat{u} - c_X)r^2 & (\hat{u} - c_X)r^4 \\ (\hat{v} - c_Y)r^2 & (\hat{v} - c_Y)r^4 \end{bmatrix} \begin{bmatrix} k_1 \\ k_2 \end{bmatrix} = \begin{bmatrix} \hat{u} - u \\ \hat{v} - v \end{bmatrix} \tag{5-44}$$

式中，$\hat{u}$、$\hat{v}$、u、v 都可以直接或者间接获得，每一个角点可以构造如上的两个约束方程，假设有 n 幅标定板图像，每幅标定图像上有角点数 m，则可以得到 mn 个含未知数 $k = [k_1 \quad k_2]^T$ 的约束方程组，将所有的方程组系数矩阵记作 Q，等式右边的非齐次项合并记作 q，可转化为矩阵形式：

$$Qk = q \tag{5-45}$$

通过矩阵论的知识，其最小二乘解为

$$k = \begin{bmatrix} k_1 \\ k_2 \end{bmatrix} = (Q^T Q)^{-1} Q^T q \tag{5-46}$$

这就是需要计算的相机径向畸变系数。

5.4.2 标定实现与图像校正

本节将基于 Matlab 图像标定工具箱(camera calibration toolbox for Matlab)来进行标定，以下为标定步骤。

(1)制作棋盘格标定板，测量标定板上棋盘格的大小参数。

(2)利用待标定相机从一定的距离范围内拍摄一系列不同方位的照片，作为标定的输入，如图 5-22 所示。

(3)通过程序自动读取标定图像，并提取标定板中的所有角点坐标(图像坐标系下的坐标值)，根据标定棋盘格的大小参数和世界坐标系原点，计算得到标定板中角点的物理(世界)坐标。

(4)根据前面理论推导中的方法，标定求解内参数矩阵和外参数矩阵。

(5)进一步求解各畸变参数。

(6)利用 Levenberg-Marguardt(L-M)算法，对重投影误差进行优化，从而得到优化后的标定参数，输出结果。

图 5-22　用于标定的部分棋盘格图像

图 5-23 所示为标定板角点提取的结果，为了让提取到的角点信息更加精确，还进行了亚像素处理，图中左侧灰色框内为局部放大后的截图。

图 5-23　标定板角点提取结果

根据物理坐标值和像素坐标值的关系，求出单应矩阵 $\boldsymbol{H}$，进而构造 $\boldsymbol{v}$ 矩阵，根据式 (5-40) 求解 $\boldsymbol{m}$ 向量，从而得到矩阵 $\boldsymbol{M}$，利用 $\boldsymbol{M}$ 和式 (5-41) 求解相机内参数矩阵 $\boldsymbol{K}$，最后求解每张图片对应的相机外参数矩阵 $\boldsymbol{T} = \begin{bmatrix} \boldsymbol{R} & \boldsymbol{T} \\ 0 & 1 \end{bmatrix}$。图 5-24 所示为根据相机外参绘制的标定板和相机的相对位置示意图。

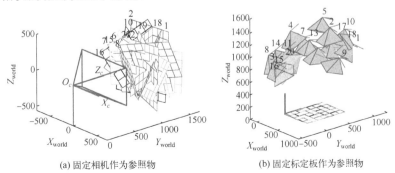

(a) 固定相机作为参照物　　　　　　　(b) 固定标定板作为参照物

图 5-24　根据相机外参绘制的标定板和相机的相对位置关系

估计相机畸变系数，并通过优化算法对相关参数进行优化。图 5-25 所示为畸变估计结果及其可视化示意图。

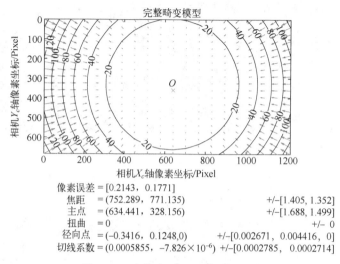

像素误差 = [0.2143, 0.1771]
焦距　　 = (752.289, 771.135)　　　　　　+/−[1.405, 1.352]
主点　　 = (634.441, 328.156)　　　　　　+/−[1.688, 1.499]
扭曲　　 = 0　　　　　　　　　　　　　　+/− 0
径向点　 = (−0.3416, 0.1248, 0)　　　　+/−[0.002671, 0.004416, 0]
切线系数 = (0.0005855, −7.826×10⁻⁶) +/−[0.0002785, 0.0002714]

图 5-25　畸变估计结果及其可视化

表 5-3 为标定结果，相机内参数矩阵和相机畸变系数都已求出，和张氏标定法的理论推导阶段所述一致，k_3 项为零。图 5-26 所示为根据标定参数对图像进行去畸变的校正效果，可以看到，畸变引起的直线弯曲情况被校正。

表 5-3　标定结果

标定参数	c_X	c_Y	f_X	f_Y	k_1	k_2	k_3	m_1	m_2
标定值	634.441	328.156	752.289	771.135	−0.3414	0.1248	0	0.0005855	−7.826×10⁻⁶

(a) 原图　　　　　　　　　　　　　(b) 校正结果

图 5-26　根据标定参数得到的去畸变效果

需要指出的是，对于涉及目标的空间定位应用，在进行图像畸变校正时，应该尽可能保留原图中所有像素，防止特征点的像素坐标发生人为的改变，所以这里校正时不建议对原图进行裁剪和缩放，保留其最原始的信息。如图 5-26(b) 所示的校正结果，这种校正方法会使图像边缘出现黑边，但这对后续定位解算更有利。

5.5　基于视觉的水面目标检测方法

YOLO 是一种基于深度卷积神经网络(convolutional neural network,CNN)的目标检测算法的简称,由 Joseph Redmon 和 Ali Farhadi 等在 2016 年首次提出,截至 2020 年迭代改进到了第四个版本,即 YOLOV4。YOLO 的核心思想是将目标检测问题转化为回归问题进行处理,通过一个深度神经网络,同时进行目标类别的判断以及预测框的定位。YOLO 系列算法最大的特点就是兼顾了检测的精度和运算的速度,所以应用广泛。YOLOV4-Tiny 是 V4 的轻量化网络版本,进一步提高了运行速度,使其能够在更多低算力平台使用。

但是纵观各大深度学习目标检测算法可以发现,由于训练数据的不充分性或数据标签本身存在的偏差,加之实际环境中的诸多因素影响,目标检测的精度往往不是非常精确,具体表现为目标类别判断可以做到很准确,但是预测框的位置与实际目标的位置之间总会存在一定偏差,因此本书在使用 YOLOV4-Tiny 网络进行目标检测的基础上,结合被检测对象的外观特征,设计了进一步增加检测精度的改进方法。

5.5.1　YOLOV4-Tiny 水面对接目标检测

1.　算法介绍

YOLOV4-Tiny 是一种端到端(end-to-end)的、单阶段(one-stage)目标检测算法,在模型训练好后,可以根据输入图像直接得出检测结果。如图 5-27 所示,输入图像尺寸为 416×416 的特征提取网络结构,在 YOLOV4-Tiny 中,其使用了 CSPDarknet53-Tiny 作为主干特征提取网络,和 YOLOV4 中的 CSPdarknet53 相比,为了更快速,将激活函数由 Mish 修改为 LeakyReLU,图 5-28 给出了两种激活函数的数学表达和图像示意,可以看出,LeakyReLU 激活函数比 Mish 激活函数简单很多,省去了大量运算。通过 YOLOV4-Tiny

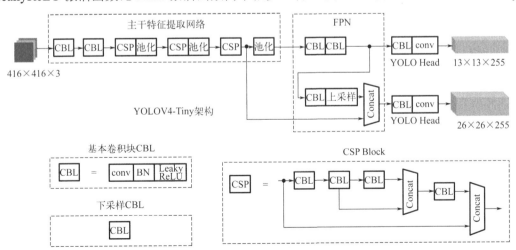

图 5-27　YOLOV4-Tiny 深度网络结构

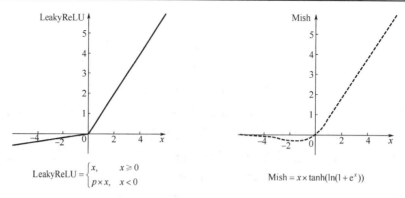

图 5-28 两种激活函数及其图像对比

的网络结构可以看出，其主干特征提取网络的提取大小为 26×26 和 13×13 的两个有效特征层。然后，将这两个有效特征层输入加强特征提取网络，即特征金字塔网络 (feature pyramid networks，FPN) 中，得到两个具有更高语义信息的有效特征层。通过特征金字塔网络结构可以对图像特征进行融合，实现图像的多尺度检测，这一特性能提高对小目标的检测能力。通过两个 YOLO Head 来对这两个不同大小的高语义信息特征层进行结果预测，将这些预测结果通过最大值抑制进行处理后，得出最终的检测结果。

图 5-27 中的 CBL 层是由一个卷积 (convolution) 层、一个批量归一化 (batch normalization，BN) 层和一个 LeakyReLU 激活函数组成的基本卷积单元，它是构成整个网络结构的最基本结构之一。加入 BN 层和 LeakyReLU 激活函数可以有效避免训练过程中的过拟合问题。池化层通过对特征进行下采样，简化了网络结构，使得参数数量大大降低。CSP 网络 (cross stage partial network) 结构由 CBL 和 Concat 构成，用以减少推理计算量，Concat 模块通过将中间层和后面某一层的上采样进行张量拼接，实现不同尺度下的特征融合，并且在提取到更深层次特征的同时，能够避免梯度消失问题或者梯度爆炸问题。

对一个深度学习目标检测模型而言，除了网络结构，最重要的一点是定义损失函数，这关系到训练过程的快速性和预测结果的准确性。YOLOV4-Tiny 的总损失函数组成和计算方式都和 YOLOV4 保持一致，包含预测框回归损失、置信度损失和分类损失，其中对于预测框回归损失，使用了 CompleteIoU (CIoU) 来替代上一版本 (YOLO V3) 中的 MSE 损失函数，式 (5-47) 为损失函数的具体形式：

$$
\begin{aligned}
\text{Loss} = L_{\text{CIoU}} &- \sum_{i=0}^{K \times K} \sum_{j=0}^{M} I_{ij}^{\text{obj}} [C_i \ln(\hat{C}_i) + (1 - C_i) \ln(1 - \hat{C}_i)] \\
&- \sum_{i=0}^{K \times K} \sum_{j=0}^{M} I_{ij}^{\text{nobj}} [C_i \ln(\hat{C}_i) + (1 - C_i) \ln(1 - \hat{C}_i)] \\
&- \sum_{i=0}^{K \times K} \sum_{j=0}^{M} I_{ij}^{\text{obj}} \sum_{c \in \text{classes}} [p_i(c) \ln(\hat{p}_i(c)) + (1 - p_i(c)) \ln(1 - \hat{p}_i(c))]
\end{aligned}
\tag{5-47}
$$

式中，等式右侧第二、三项表示置信度损失，最后一项表示分类损失，第一项表示经过优化的预测框回归损失 (即 CIoU)，其具体形式为

$$L_{\mathrm{CIoU}} = 1 - \mathrm{IoU}(A,B) + \frac{d^2(A_{\mathrm{ctr}}, B_{\mathrm{ctr}})}{c^2} + \alpha v \qquad (5\text{-}48)$$

下面结合图 5-29 对式 (5-48) 进行说明，A、B 分别表示预测框和真实框，A_{ctr}、B_{ctr} 分别表示预测框和真实框的中心坐标，式中 $\mathrm{IoU}(A,B)$ 表示预测框和真实框的重叠度（交并比），$d^2(A_{\mathrm{ctr}}, B_{\mathrm{ctr}})$ 为两中心坐标的欧氏距离计算，c 为 A,B 最小包围框的对角线长度。αv 表示对长宽比的惩罚项，其中有

$$v = \frac{4}{\pi^2}\left(\arctan \frac{w^{gt}}{h^{gt}} - \arctan \frac{w}{h}\right)^2$$
$$\alpha = \frac{v}{1 - \mathrm{IoU}(A,B) + v} \qquad (5\text{-}49)$$

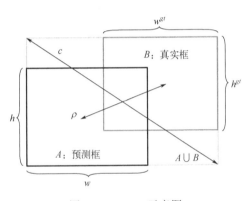

图 5-29　CIoU 示意图

CIoU 综合考虑了中心点距离、重叠面积和长宽比三个因素，而 V3 版本中的 MSE 损失函数将检测框中心点坐标和宽高等信息作为独立的变量对待，相比而言，采用 CIoU 使得网络在训练的快速性和准确性方面有更好的性能。

2. 数据集制作和模型训练

根据无人艇艇载视觉系统在不同时间段、不同天气条件、不同拍摄角度等情况下采集的视频数据，使用 LabelImg 手工标注软件制作用于 YOLOV4-Tiny 训练和测试的高精度数据集，标注文件中包含了图像类别、对接目标物体真实定位框在图像中的中心坐标以及定位框的宽度和高度，并且坐标值和宽、高值都根据图像尺寸进行了归一化处理，使得在图像数据被进行缩放之后的标注结果依然有效。图 5-30 给出了部分标注完成的用于训练的数据集样本。

本书水面对接引导目标用水面浮球模拟替代，所以检测目标为放置在开放水域环境中的不同颜色的浮球，其纹理特征相对简单且不超过 5 个类别，因此对数据集的要求相对较小，总共包含了 1000 张图片，其中训练集 800 张，测试集 200 张。每张图片包含不定类别与数量的目标浮球，且整个数据集中包含一定比例的负样本，即无任何目标物体的图像。

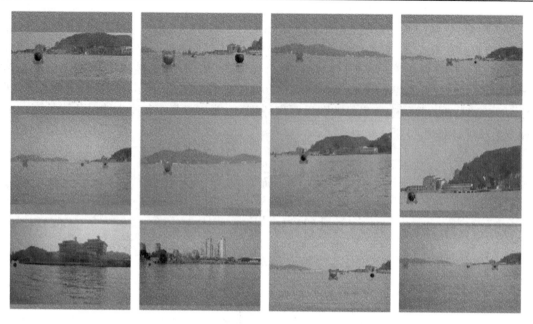

图 5-30　用于训练的部分数据集图像

如前所述，训练时将网络输入图像的大小设置为 416×416，共有 5 个类别(对应的标签值分别为 redball、greenball、blackball、blueball、orangeball。训练的最大迭代次数设置为 6000 次。采用 step 递减策略进行学习率的设置，初始值为 0.0005，衰减为 0.0005。训练过程中开启 GPU 加速，但由于显存较小，在描述网络结果的 cfg 文件中 subdivisions=16 更改为 subdivisions=32；并令 random=1，在优化网络结构调整时的内存分配的同时，增加对不同分辨率图像下的预测精度。图 5-31 所示为训练过程中的损失变化曲线图。

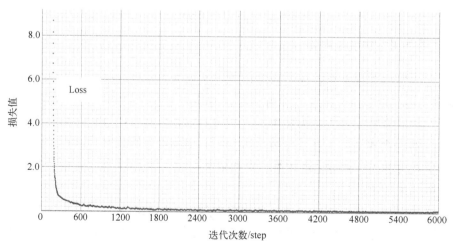

当前平均衰减=0.0654　迭代=6000　大约剩余时间=0.16 hours
按s保存: chart.png-Saved　　　迭代次数　　　cfg最大分支数=6000

图 5-31　训练过程中的损失变化曲线

3. 模型评估和部署

训练完成后，通过测试集数据来进行模型评估，对比所有保存的中间模型文件的效果，选取其中测试效果最好的模型来使用。其中，综合数据表现最好的一组指标如表 5-4 所示。

表 5-4　模型评价指标

原始图片尺寸	检测耗时/ms	查准率/%	查全率/%	IoU/%
1280×720	40～50	98.67	98.01	83.2

另外，图 5-32 从检测结果的角度直观地展现了该方法对水面对接目标的检测效果，可以看出，即使对于大逆光等复杂场景，YOLO 深度学习方法也能有效检测出目标。

图 5-32　YOLO 算法下的目标检测结果

为了配合系统平台开展试验，并加快模型在使用时的推理速度，借助 Visual Studio 2017 集成开发环境和 OpenCV 开源计算机视觉库，编写基于 C++语言的模型使用接口，将 YOLO 目标检测这一功能封装为 YOLODetector 类，表 5-5 列出了该类的主要成员和部分调用接口说明。

表 5-5　YOLODetector 类的主要成员和接口

成员	cv::Net net_	神经网络对象
	float conf_threshold_	置信度阈值
	float nms_threshold_	非极大值抑制中使用的阈值
	cv::Size input_size_	输入到神经网络的图片尺寸
	std::vector<cv::Rect> boxs_det_	被检测出来的目标的预测框
	std::vector<string> lables_det_	与预测框对应的标签名称索引
	ColorSegmentation color_det_	下文改进目标检测的类对象(用以改进本方法的检测结果)
接口	void get_classes(const string &clsFile)	加载文件中的标签名称
	void net_configration(const string &netCof, const string &modWeights, const string &clsFile);	加载已经训练完成的模型
	void set_param(float confThrd, float nmsThrd, cv::Size size);	设置参数
	int process(cv::Mat &frame, runMode runmode = RELEASE);	对输入图片进行推理预测

续表

| 接口 | int postprocess(cv::Mat& frame, const vector<cv::Mat> &out, runMode runmode); | 在该函数中调用非极大值机制算法进行预测框的筛选 |
| | void draw_pred(int classId, float conf, int left, int top, int right, int bottom, cv::Mat& frame); | 将筛选完成的预测框在原图中画出，并将置信度和标签一起显示在预测框旁边 |

5.5.2　基于颜色阈值分割的水面对接目标精细检测

通过训练后的 YOLOV4-Tiny 目标检测模型的推理，可以得到图像中各个浮球的标签和预测框，这些预测框能够标记出整幅图像中所有浮球的大概位置，但是通过 IoU=83.2% 这一指标可以知道，预测框的精度还有较大的提升空间，从实际的检测结果测试图片 (图 5-32) 中也可以看出，预测框和目标的实际位置有一定偏差，并且预测框的大小不能准确反映浮球在画面中的实际大小。针对该问题，提出了在 YOLOV4-Tiny 目标检测结果的基础上，基于目标外观特征来进行对接目标精确分割的方法。

1. HSV 色彩空间

数字图像通常采用 RGB 色彩空间模型来存储和传输。RGB 色彩空间模型以 R(Red：红色)、G(Green：绿色)、B(Blue：蓝色) 这三种基本色为基础，通过不同程度的相互叠加而产生丰富色彩，图 5-33(a) 所示为 RGB 色彩空间模型。由于 RGB 三个通道的数值都很容易随着光照的改变而改变，所以在实际使用场景中会有较大的不确定性。HSV 格式是 RGB 的一种变形，如图 5-33(b) 所示，H 代表色调(颜色的种类或者区分)，S 代表饱和度(颜色的深浅)，V 代表明度(颜色的明暗程度)，HSV 色彩空间可以很好地把颜色信息和亮度信息分开，将它们放在不同的通道中，减小了环境光线变化对特定颜色识别的影响。因此，在进行基于颜色的图像处理之前，可先将图像从 RGB 色彩空间转换到 HSV 色彩空间，提高后续对颜色识别的鲁棒性。

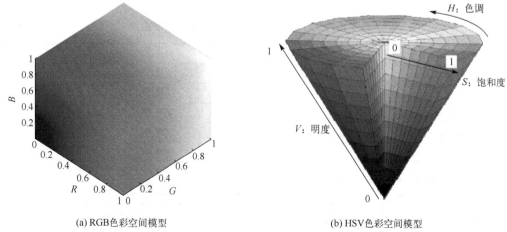

彩图

(a) RGB色彩空间模型　　　　　　　　　　(b) HSV色彩空间模型

图 5-33　RGB 和 HSV 色彩空间模型

下面以三通道的单个像素为例，给出 RGB 到 HSV 色彩空间的计算过程。以 R、G、

B 分别表示红、绿、蓝三个通道的值，H、S、V 分别表示转换后色调、饱和度、明度的三个值。首先进行归一化处理：

$$\begin{cases} R' = R/255 \\ G' = G/255 \\ B' = B/255 \end{cases} \tag{5-50}$$

令

$$\begin{cases} C_{\max} = \max(R',G',B') \\ C_{\min} = \min(R',G',B') \\ \Delta = C_{\max} - C_{\min} \end{cases} \tag{5-51}$$

则 H、S、V 三通道的值计算如下：

$$H = \begin{cases} 0°, & \Delta = 0 \\ 60° \times \left(\dfrac{G'-B'}{\Delta}+0\right), & C_{\max} = R' \\ 60° \times \left(\dfrac{B'-R'}{\Delta}+2\right), & C_{\max} = G' \\ 60° \times \left(\dfrac{R'-G'}{\Delta}+0\right), & C_{\max} = B' \end{cases}$$

$$S = \begin{cases} 0, & C_{\max} = 0 \\ \dfrac{\Delta}{C_{\max}}, & C_{\max} \neq 0 \end{cases} \tag{5-52}$$

$$V = C_{\max}$$

根据式 (5-52) 将 RGB 图像转换到 HSV 色彩空间模型下。图 5-34 所示为原始图像和 H、S、V 三个通道的图像结果。

(a) 原图　　　　　　　　　　　　　(b) H通道

(c) S通道　　　　　　　　　　　　(d) V通道

图 5-34　RGB 图像和转换到 HSV 之后各通道的图像

2. 基于颜色阈值分割的目标精细检测

在 HSV 色彩空间模型下，每一类常见的颜色在 H 通道下都会有一个特定的范围，再结合饱和度与明度两个通道的值，便可以通过 H、S、V 的范围组合确定某种特定颜色的阈值范围，根据该阈值范围，就能对图像中的特定颜色进行准确提取，得到用户感兴趣的图像区域（region of interest，ROI）。根据顺光/逆光条件及早、中、晚不同光照情况下的参数调整，确定本书所面向的对接目标物体在外场环境下能够被稳定识别的 H、S、V 参数范围，如表 5-6 所示。

表 5-6　各目标颜色对应的 HSV 阈值范围

通道	蓝色	绿色	橙色	红色	黑色
H_{min}	100	60	11	0/156	0
H_{max}	124	90	20	10/179	180
S_{min}	110	90	90	110	0
S_{max}	255	255	255	255	255
V_{min}	70	85	100	100	0
V_{max}	255	255	255	255	40

图 5-35 给出了基于颜色阈值分割的目标精细检测流程及效果示意图。获取图片后先进行预处理，在该阶段包括了图像畸变校正和高斯滤波等操作，此外，还会进行是否去雾的自动判断和处理。在检测的前半阶段，使用 YOLOV4-Tiny 进行初步目标检测，给出目标的预测框，并以适当比例放大该预测框，保证检测目标能被完全包括在预测框中，然后将该放大后的预测框作为 ROI，在此区域内对预测标签值指示的颜色依照表 5-6 参数确定的颜色区域进行分割（例如，目标识别阶段预测该目标为红色浮球，则对该预测框内的红色区域进行分割）。在 OpenCV 中，利用 cv::inRange(·) 函数，并传入 HSV 三通道的阈值下界和阈值上界，就可以得到输入图像关于该色彩阈值范围的二值化分割图像。在得到目标区域的二值化图像后，通过形态学运算对该 mask 进行开操作以抑制可能存在的

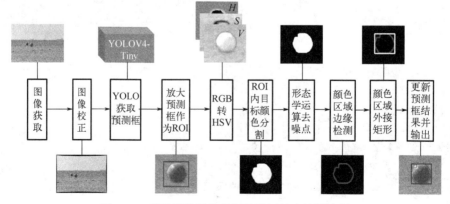

彩图

图 5-35　基于颜色阈值分割的目标精确检测流程

杂色影响。接着，求取所提取目标区域的轮廓，在这一步中，考虑到背景中可能有和目标颜色相近的物体存在，在进行颜色阈值分割时，这部分区域也会被检测出来，通过进一步分析可以知道，在进行处理的 ROI 内，这些区域相对于真正的目标会小很多，所以这里只需找出具有最大轮廓的区域即可，其余一同被提取的区域直接舍弃。最后，对提取的最大轮廓求取外接矩形，以该外接矩形替换原来的预测框，使得预测框与目标实际位置更加贴合，从而大大提高目标检测精度。

同样，为了提高各功能的相互独立性，使程序开发中各模块的维护变得简单，将上述改进方法封装为 ColorSegmentation 类中，在使用时，只需要在 YOLODetector 类中调用 ColorSegmentation 类进行目标检测的优化即可。表 5-7 给出了该类的主要成员和接口函数。

表 5-7　ColorSegmentation 类主要成员及接口函数

成员	cv::Mat image_	待处理图像
	std::vector<cv::Rect> boxes	更新后的预测框
接口	void get_color_range(const char targetColor);	根据目标颜色自动获取 HSV 的上下界值
	void get_color_mask(const char targetColor, cv::Mat & fhsv, cv::Mat & mask);	获取期望颜色的特定区域(mask)
	void find_longest_contour(cv::Mat & mask, std::vector<std::vector<cv::Point>> & contours, double & maxLen) const;	求解区域轮廓并寻找最大轮廓
	std::vector<cv::Rect> get_result() const;	获取改进目标检测的结果
	void draw_result_rect(cv::Mat & result, std::vector<std::vector<cv::Point>> & contours, std::vector<cv::Rect> rect, const char color) const;	在原图中显示检测到的区域轮廓和更新后的预测框

5.5.3　试验结果与分析

在上述颜色阈值分割改进方法中，由于处理的仅仅是整幅图片中每个预测框中的小部分区域，大大降低了图像中多余信息的干扰，待检测目标的特征得到凸显，所以基于颜色信息和边缘检测的浅层特征目标区域提取方法也能取得不错的效果。此外，正是由于处理的是图像中的小部分 ROI，所以优化部分的处理耗时并不长，运行速度也很快。图 5-36 展示了部分改进前后的目标检测结果比较。

上述改进方法主要针对目标检测阶段预测框的精细化和准确性进行了优化，为后续目标精确定位打下基础。从目标检测效果评价的角度来看，改进方法提高了 IoU 指标，通过数据集的测试，得到了如表 5-8 所示的对比结果。可以看到，IoU 指标从之前的 83.2% 提高到 94.6%，大大提升了预测框与目标实际位置的匹配程度，从图 5-36 中改进前后的预测框对比也可以直观看出这种改善。通过实测，在 i5-8250U+8G RAM 硬件平台下，这一改进的额外耗时约为 10ms，对实时性影响很小，完全满足本书中 200ms 的无人艇运动控制周期对目标检测速度的需求。

(a) 改进前

(b) 改进后

图 5-36　改进前后目标检测效果对比

彩图

表 5-8　改进前后目标检测性能对比

改进前 IoU/%	改进后的 IoU/%	原方法耗时/ms	改进后耗时/ms	额外耗时/ms
83.2	94.6	40～50	50～60	10～15

5.6　基于单目视觉的水面目标相对位姿测量方法

根据上述目标检测结果，可以获得水面对接目标物的边界框信息，检测出来的预测框由 $(u_{obj}, v_{obj}, t_w, t_h)$ 表示，u_{obj}、v_{obj} 表示分别预测框的中心点在图像坐标系下的横、纵坐标，t_w、t_h 分别表示预测框的宽度（U 方向）和高度（V 方向）。

当近似认为无人艇做平面运动时，基于成像模型可进一步分析水面目标的相对位姿。通过获取目标物体与无人艇之间的相对方位角和相对距离，并结合无人艇自身导航系统提供的定位信息即可计算出对接目标物体的绝对位置，为规划控制提供输入，实现基于视觉伺服的水面目标对接或避让。

对于水平方位角计算，主要用到 u_{obj} 参数，即通过目标检测阶段得到的对接目标预测框的中心横坐标。如图 5-37 所示，红色圆代表被检测物体，蓝色矩形框为该物体被检测出来的定位边界框，中心小黑点就表示预测框的中心，其距离光心在像素坐标系中的位置 (c_x, c_y) 的横向距离表示为 h_B，图像宽度为 W_{img}。易知 $h_B = u_{obj} - c_x$，则根据几何比例关系，可得

$$\psi_{obj} = h_B \frac{\theta_{Lenz}}{W_{img}} = \frac{(u_{obj} - c_x)\theta_{Lenz}}{W_{img}} \tag{5-53}$$

式中，ψ_{obj} 为所求的对接目标物相对于无人艇当前航向的方位角；c_x 为相机内参矩阵中的一个参数，见表 5-3；θ_{Lenz} 表示镜头水平开角大小。此外，方位角计算采取俯视角顺时针为正的准则，即：如果目标物偏向无人艇右侧，则水平方位角为正，反之为负。

对于相对距离计算，如图 5-38 所示，将相机简化为薄透镜成像模型，根据高斯成像公式：1/像距+1/物距 = 1/焦距 和相机线性模型中存在的相似三角形定理，得

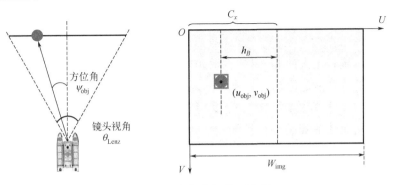

彩图

图 5-37　方位角解算示意图

$$\begin{cases} \dfrac{1}{g} + \dfrac{1}{b} = \dfrac{1}{F} \\ \dfrac{G}{g} = \dfrac{B}{b} \end{cases} \tag{5-54}$$

式中，g 表示物距；b 表示像距；F 为相机焦距；G 为目标物体的实际物理尺寸；B 为目标物体成像后的物理尺寸，联立得

$$g = \frac{(B+G)F}{B} = F + \frac{GF}{B} \approx \frac{GF}{B} \tag{5-55}$$

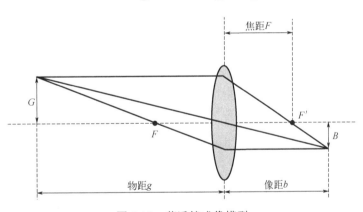

图 5-38　薄透镜成像模型

相机焦距 F 为毫米级，相对于目标物的实际距离来说是一个极小量，可忽略。根据物理尺寸和像素尺寸之间的转换关系有 $B = \dfrac{DF}{f_X}$，其中 D 为像素坐标，进一步整理可得

$$g = \frac{Gf_X}{t_w} \stackrel{\mathrm{def}}{=\!=} C\frac{1}{t_w} \tag{5-56}$$

此处，令 $C = Gf_X$，为一个常数，f_X 见表 5-3。t_w 为图像中对接目标物的宽度大小，由预测框宽度值来表征。通过以上信息即可计算出物距 g，单位为米，即无人艇与对接目标物体之间的相对距离。可见物距 g 与目标物的成像大小成反比例函数关系，根据反比例函数的特性并结合实际工程情况分析可知以下几点。

（1）在距离较远的情况下，物象（t_w）是一个较小值，且此时 t_w 的波动会造成解算物距的较大波动。

（2）基于（1），随着无人艇与对接目标物的距离逐渐靠近，上述波动的程度会逐渐减小，这将有利于提高目标定位精度和无人艇运动控制的稳定性。

（3）实际环境中，目标检测的结果会受诸多因素影响，将导致 t_w 值在真实值附近的一定范围内波动，从而使解算结果出现波动，因此在实际使用时需要进行数据滤波处理，以增强定位结果的鲁棒性。本书针对可能出现的误检测问题和数据平滑的需求，分别采用了限幅滤波和滑动滤波相结合的方法。

图 5-39 所示为对水面对接目标绝对位置求解的示意图，根据组合导航给出的艇体当前位置 (x_1,y_1) 和通过视觉定位系统解算的方位信息 ψ_{obj}、g，便能求出对接目标在 NOE 坐标系下的绝对位置：

$$\begin{cases} x_2 = x_1 + g \times \cos(\psi_{usv} + \psi_{obj}) \\ y_2 = y_1 + g \times \sin(\psi_{usv} + \psi_{obj}) \end{cases} \tag{5-57}$$

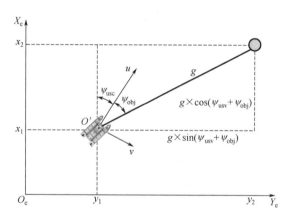

图 5-39　目标物绝对位置解算示意图

5.7　基于基准标记的水面目标视觉定位方法

机器视觉领域经常使采用基准标记（fiducial marker）来简化特征提取，增强视觉的定位能力。基准标记具有明显视觉特征，能够降低目标检测难度，并且一般来说，基准标记本身还具有一种特定的编码，可防止误检测。与此同时，基准标记还具有角点明显的特点，在定位方面也表现优秀。因此，这种基准标记常用于不同对象的检测和定位。表 5-9 中列出了部分常见的基准标记及其主要特点。

STag 标记不仅拥有一个外围的方形边界作为该类别的先验标记，其中心位置还设计了一个圆形图案，旨在利用圆形固有的稳定特性以增强定位的稳健性。尽管圆形布局促进了定位的稳定性，但仅依赖圆周信息难以精确界定目标的姿态信息，故而外围方形框架的加入为姿态估计提供了额外的必要约束。位于内圆边界内的编码区域则进一步增强了系统的识别准确率，该区域内填充了呈盘状分布的位，通过模拟退火算法将 48 个盘状图案排布在圆形区域内。STag 标记的具体样式可参见图 5-40。

表 5-9　常见基准标记及其主要特点

名称	形状	颜色	标记	特点
ARTag	方形	单色		最常用标记
AprilTag	方形	单色		改进图像分割增强了鲁棒性
BinaryID	方形	单色		使用二进制模式进行编码，在旋转条件下具有鲁棒性
CCTag	圆形	单色		对遮挡和运动模糊的鲁棒性非常好
ChromaTag	方形	多色		检测速度快，但不稳定
STag	方形	单色		使用椭圆拟合提高了稳定性

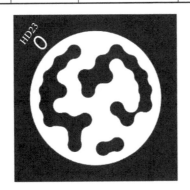

图 5-40　STag 标记

5.7.1　STag 标记的特征及检测方法

STag 标记检测共分三个步骤，分别为候选检测、候选验证和单应性细化。其中，候选检测包括检测边缘段、检测直线段、检测角点和检测四边形，候选验证包括透视验证和解码。

首先，候选检测步骤用于检测图像中的四边形。然后，在候选验证步骤中对所有的候选对象通过形状和编码进行验证。最后，对所有被验证为标记的候选对象进行单应性改进。

1) 候选检测

首先，检测边缘段。将边缘段检测为连续的像素阵列，确定图像中的锚点，并以最大化沿路径的梯度为目标将它们连接起来，然后根据亥姆霍兹原理对这些边缘段进行验证得到定位良好的原始边缘段。

下一步，检测直线段。从一边缘段的开始像素将一条线延伸到后续边缘段并进行拟合，以找到标记的线性边界。重复此操作，直到处理完所有边缘段。这种方法避免了重复的线拟合操作，减少了大量的迭代。

接下来，检测角点。得到图像中所有的线性边界后，通过直线段相交来检测拐角。

在此之后，使用 3 个连续的角来检测图像上的四边形，这使得检测算法即使在角落被遮挡时也能检测到四边形。同时，由于 STag 库提供了极高的误码率校正能力、标记可以对遮挡进行鲁棒解码，所以即使在严重遮挡的情况下，理论上也可以检测到标记。

2) 候选验证

首先，为尽可能多地排除不正确的候选对象、降低假阳性率，基于施加的透视失真来排除不正确的候选对象。

深度 α 表示点到相机的距离，目标对象的相对深度 α_{rel} 是对象的最大深度 α_{max} 与最小深度 α_{min} 之比。对象若未发生畸变，应有 $\alpha_{max} = \alpha_{min}$，即 α_{rel}；随着对象 α_{rel} 的增大，透视畸变的影响也越来越明显。由于 α_{rel} 是存在一定约束的，所以可以通过找到 α_{rel} 不满足要求的候选对象并排除它们。

正方形的两个相对的边是平行的，沿着这些平行边延伸的线在无穷远处相交于两个不同的点。无穷远处的线 I_∞ 穿过这两个无穷远处的点。当应用投影变换时，这些无穷远处的每个点都投影在各自的有限消失点上，通过这个消失点对的直线就是 I_∞ 的像。图 5-41 所示为一个具有角 c_i' 及边 l_i' 的候选标记，投影变换将直线在无穷远处投影到 I_∞'，可以通过 i_1 和 i_2 的交点找到，从 c_i' 到 I_∞' 的距离用 d_i 表示。I_∞ 的投影可以通过单应矩阵来求得。离 I_∞' 最近和最远的点是四边形 I_∞' 中两角。I_∞' 到物体上点的距离 d_i 与该点的深度 a_i 成线性负相关。利用这种关系，可以找到平面物体的相对深度：

$$\alpha_{rel} = \frac{\alpha_{max}}{\alpha_{min}} = \frac{d_{max}}{d_{min}} \tag{5-58}$$

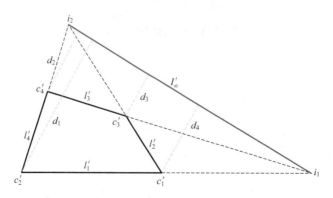

图 5-41　具有角 c_i' 及边 l_i' 的候选标记

式中，投影四边形的相对深度 α_{rel} 表示它所经历的透视失真的程度。

为了排除不正确的候选对象，需要设定一个阈值来基于该度量消除候选对象。根据实际使用情况设定 α_{min} 与 α_{max}，即可计算获得 α_{rel} 的范围。因此，可以排除 α_{rel} 大于该阈值的所有四边形。

然后，通过解码对候选标记的编码进行验证，即可获得所有符合要求的标记。

3) 单应性细化

经过上述两个步骤，可以获得一组已经通过解码验证的标记，接下来将内圆边界定位为椭圆，并利用圆锥信息来细化估计的单应性。

首先在标记检测中找到环状边缘段，并将其反向投影到标记平面。通过对内圆形边界和环状边缘段的反向投影之间的差距进行稀疏采样来估计这种相似性。在反向投影与内圆边界最相似的环状边缘段上拟合一个椭圆。

通过阈值化环状边缘段反向投影和内圆边界之间的相似性来检测匹配的环状边缘段的缺失。该度量在标记平面中计算，检测的形状和大小进行了归一化处理，阈值在所有姿态中都是等效的。如果无法检测到合适的椭圆，则跳过这一步骤，以避免在对于某些部分遮挡的椭圆进行单应性细化时拟合不当而降低稳定性。

记 x 为齐次坐标中的一个点，x' 为其投影，二维变换表示为

$$x' = Hx \tag{5-59}$$

在与式(5-59)相同的变换下，圆锥截面的投影通常表示为以下两个等价方程：

$$C' = H^{-T}CH^{-1} \tag{5-60}$$

$$C = H^{T}C'H \tag{5-61}$$

设 C 为内圆边界，其投影局部化为椭圆 C'。将 C' 根据式(5-61)返回到标记平面时，得到一个椭圆 $\tilde{C}$，它与 C 不完全重合。这是因为使用标记角估计的初始单应性略为不正确，故而需通过优化 H，使 C 和 $\tilde{C}$ 尽可能地相似。

为了优化 H，需要一个椭圆 $\tilde{C}$ 和圆 C 之间的相似度度量，其中 a 是半长轴，b 是半短轴，(e_x,e_y) 是 $\tilde{C}$ 的中心，r 是半径，(c_x,c_y) 是 C 的中心，提出的度量为

$$\varepsilon = \sqrt{(e_x - c_x)^2 + (e_y - c_y)^2 + (a-r)^2 + (b-r)^2} \tag{5-62}$$

单圆-椭圆对应关系不足以估计标记的单应性，则以角点作为起始点来估计单应性，最小化式(5-62)中的 ε，采用 Nelder-Mead 法求解。这样，先前估计的单应性被改进，使得椭圆检测被直接投影到内圆形边界上。由于椭圆的定位比标记角点更准确，因此提高了定位的稳定性。

经过以上步骤，即可识别图像中所有标记的位置，获取各个标记四个角点的图像坐标作为后续单目视觉定位的输入之一。

针对无人艇目标检测，STag 作为识别标记有如下优势。

(1)STag 具有一定的抗遮挡能力。由于 STag 标记检测使用三个连续的角点来检测图像上的四边形，且可通过阈值化环状边缘段反向投影和内圆边界之间的相似性来检测匹

配的环状边缘段的缺失,所以在部分标记被遮挡时,也可以检测到标记。同时,由于 STag 库提供了极高的误码率校正能力、标记可以对遮挡进行鲁棒解码,所以即使在严重遮挡的情况下,也可以识别标记且分辨标记编码。该能力对受到风浪影响而不平稳的无人艇来说非常重要,且抗遮挡能力也能一定程度上减小水雾和反光的影响。

(2)STag 定位较为稳定。STag 存在一个内圆边界,在单应性估计步骤中,椭圆检测被直接投影到内圆边界上。由于椭圆的定位比标记角点更准确,这提高了定位的稳定性,定位较高的鲁棒性可使输出视觉解析结果更加连续稳定,有助于后续自动控制环节。

(3)STag 内具有清晰准确的编码,具有更强的识别能力,同时使双标记或多标记的识别方案成为可能。STag 首先在候选检测中获得所有具有近似特点的候选标记,然后在候选验证的步骤中进行解码,故可以同时获得图像中所有 STag 标记,在使用多个不同的标记时减少了重复运算的时间,增加了运算效率。

5.7.2　无人艇视觉导引系统中 STag 标记的检测实例

通过 5.7.1 节中所述基于 Stag 标记的检测方法,可以获得该帧图像中 STag 标记的编号、数量及各个标记中方形外框的四个角点在图像坐标系下的位置,这四个角点的坐标即为定位的输入之一,作为目标定位的依据。

针对无人艇的回收任务,由于目标越小需要越近的距离才能准确检测,且受到的遮挡越小,越容易检测,但受限于回收装置的构造,STag 标记不能过大,于是最终选择双标记模式。回收装置艏部和艉部分别安装 ID 不同、大小不同的基准标记,其中回收装置艉部的基准标记较大,置于回收装置上方,而艏部基准标记较小,置于回收装置艏部正中位置,如图 5-42 所示。

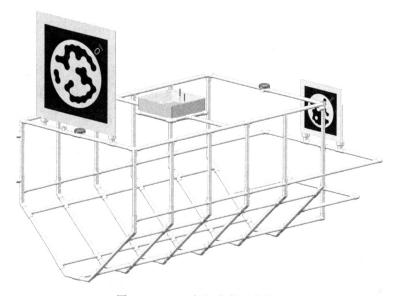

图 5-42　STag 标记安装示意图

其中,回收装置艉部的标记可以避免由距离较远或航向不正导致回收装置艏部标记无法检测的问题，而回收装置艏部的标记可以避免无人艇进入或即将进入回收装置时，艉部标记出摄像头视角导致无法检测的问题。两者 ID 的不同，可以保证同时检测到艏艉两个标记时，可以通过 STag 中的编码对两者进行区分，避免错误判断角点信息的来源而导致定位解算出错。

5.7.3　基于 EPnP 的目标相对定位方法

单目视觉领域目标定位通常被抽象为 Perspective-n-Point (PnP) 问题。对于该问题，已经发展了一系列成熟的解决方案，如直接线性变换 (direct linear transformation，DLT)、P3P 算法、扩展的 PnP (efficient PnP，EPnP) 算法以及通用 PnP (unified PnP，UPnP) 算法等。目标相对定位技术通过目标检测处理后的图像信息，为控制器提供精确的位置及姿态估计。本节介绍 EPnP 算法，该方法可以实现对目标的精确定位。

EPnP 算法在处理带有噪声特征点时表现卓越，其将 3D 点表示为 4 个控制点的复合结构，并仅针对这 4 个控制点进行优化，因此计算速度较快。在 EPnP 算法中，将 3D 参考点的世界坐标表示为控制点坐标的加权总和，如式 (5-63) 所示：

$$\boldsymbol{P}_i^w = \sum_{j=1}^4 \alpha_{ij} \boldsymbol{c}_j^w, \quad \sum_{j=1}^4 \alpha_{ij} = 1 \tag{5-63}$$

记目标中的 3D 参考点在世界坐标系中的坐标为 $\boldsymbol{P}_i^w$，$i = 1, 2, \cdots, n$，在相机坐标系中的坐标为 $\boldsymbol{P}_i^c$，$i = 1, 2, \cdots, n$。4 个控制点在世界坐标系和相机坐标系中的坐标分别记为 $\boldsymbol{c}_j^w$，$j = 1, 2, 3, 4$ 以及 $\boldsymbol{c}_j^c$，$j = 1, 2, 3, 4$。如果有 4 个不共面的控制点确定，那么 α_{ij}，$j = 1, 2, 3, 4$ 是唯一确定的。可得到齐次重心坐标 α_{ij} 存在式 (5-64) 中的关系：

$$\begin{cases} \begin{bmatrix} \gamma_{i1} \\ \gamma_{i2} \\ \gamma_{i3} \\ \gamma_{i4} \end{bmatrix} = \boldsymbol{C}^{-1} \begin{bmatrix} \boldsymbol{P}_i^w \\ 1 \end{bmatrix} \\ \sum_{j=1}^4 \gamma_{ij} = 1 \end{cases} \tag{5-64}$$

根据 5.1 节中所述相机坐标系及世界坐标系之间的关系，可推导出在相机坐标系中同样存在式 (5-63) 中所述的加权关系：

$$\boldsymbol{P}_i^c = \sum_{j=1}^4 \alpha_{ij} \boldsymbol{c}_j^c \tag{5-65}$$

EPnP 算法选取参考点集的重心以及坐标轴的 3 个方向作为 3 个控制点，整个 3D 参考点集记作 $\{\boldsymbol{P}_i^w, \ i = 1, 2, \cdots, n\}$，并以 3D 参考点的重心作为第一个控制点，即

$$\boldsymbol{c}_1^w = \frac{1}{n} \sum_{i=1}^n \boldsymbol{P}_i^w \tag{5-66}$$

接下来，可根据 3D 点构建去重心坐标矩阵：

$$A = \begin{bmatrix} (\boldsymbol{P}_1^w)^{\mathrm{T}} - (\boldsymbol{c}_1^w)^{\mathrm{T}} \\ (\boldsymbol{P}_2^w)^{\mathrm{T}} - (\boldsymbol{c}_1^w)^{\mathrm{T}} \\ \cdots \\ (\boldsymbol{P}_n^w)^{\mathrm{T}} - (\boldsymbol{c}_1^w)^{\mathrm{T}} \end{bmatrix} \tag{5-67}$$

计算 $\boldsymbol{A}^{\mathrm{T}}\boldsymbol{A}$ 的 3 个特征值 λ_1、λ_2、λ_3 对应的特征向量 $\boldsymbol{v}_1$、$\boldsymbol{v}_2$、$\boldsymbol{v}_3$，另 3 个控制点按照如下公式确定：

$$\begin{cases} \boldsymbol{c}_2^w = \boldsymbol{c}_1^w + \sqrt{\lambda_1}\boldsymbol{v}_1 \\ \boldsymbol{c}_3^w = \boldsymbol{c}_1^w + \sqrt{\lambda_2}\boldsymbol{v}_2 \\ \boldsymbol{c}_4^w = \boldsymbol{c}_1^w + \sqrt{\lambda_3}\boldsymbol{v}_3 \end{cases} \tag{5-68}$$

获得 4 个控制点后，通过控制点和 3D 参考点 $\boldsymbol{P}_i^w$，$i = 1, 2, \cdots, n$，可以根据式(5-69)计算每个点对应的齐次坐标 α_{ij}：

$$\begin{bmatrix} \alpha_{i1} \\ \alpha_{i2} \\ \alpha_{i3} \\ \alpha_{i4} \end{bmatrix}_{4\times1} = \begin{bmatrix} \boldsymbol{c}_1^w & \boldsymbol{c}_2^w & \boldsymbol{c}_3^w & \boldsymbol{c}_4^w \\ 1 & 1 & 1 & 1 \end{bmatrix}_{4\times4}^{-1} \begin{bmatrix} \boldsymbol{P}_i^w \\ 1 \end{bmatrix}_{4\times1} = \boldsymbol{C}^{-1}\begin{bmatrix} \boldsymbol{P}_i^w \\ 1 \end{bmatrix} \tag{5-69}$$

当得知 4 个控制点在世界坐标系和相机坐标系中的坐标后，寻求一个欧氏变换矩阵 $\boldsymbol{R}$ 和平移向量 $\boldsymbol{t}$，满足式(5-70)，这样求得的 $[\boldsymbol{R} \quad \boldsymbol{t}]$ 就是摄像头的外部参数，即摄像头的位姿：

$$\boldsymbol{c}_j^c = [\boldsymbol{R} \quad \boldsymbol{t}]\begin{bmatrix} \boldsymbol{c}_j^w \\ 1 \end{bmatrix} \tag{5-70}$$

然而，无论是采用 STag 编码技术还是 YOLOV4 算法，所获取的目标特征点均表现为同一平面上的 4 个点。在 STag 编码方法中，通过检测过程所提炼出的特征点实质上是 STag 标记的 4 个边角坐标，而在 YOLOV4 算法应用中，这 4 个点则对应于预测框界定的回收装置四角位置。无论采用哪种方法，所得的特征点皆局限于同一个二维平面，世界坐标系下的坐标分别为 $(L_1, 0, L_2)^{\mathrm{T}}$、$(L_1, 0, -L_2)^{\mathrm{T}}$、$(-L_1, 0, L_2)^{\mathrm{T}}$、$(-L_1, 0, -L_2)^{\mathrm{T}}$。其中，特征点所构成的目标框的长和宽各维度的一半分别由变量 L_1 和 L_2 表示，即这两个参数用于描述目标框中心相对于其角点的相对位置。

通过对这些共面参考点进行计算，可得到对应的控制点坐标 $\boldsymbol{c}_j^w$ 分别为 $(0,0,0)^{\mathrm{T}}$、$(0,0,1)^{\mathrm{T}}$、$(0,1,0)^{\mathrm{T}}$、$(1,0,0)^{\mathrm{T}}$。尽管理论上可以借助奇异值分解定义"伪逆矩阵"获得 $\boldsymbol{C}^{-1}$，从而实现对位姿的相对精确估计。然而，在当前应用背景下，由于基于标记检测所提供的参考点控制点位于坐标轴线上，导致在计算过程中部分信息相互抵消，特别是对称性位姿的判断容易产生混淆，因此单独依靠这些共面特征点的检测结果尚不足以实现精确可靠的位姿解算。

另一种广泛采纳的解决方案是直接线性变换(DLT)方法，该方法采用了非线性优化技术中的 L-M 最小化算法以实现对物体姿态的精细化求解。在处理非共面特征点时，至少需要包含 6 个点以确保充分的几何约束；而在处理平面特征点场景时，则至少需要 4 个点参与计算过程。考虑一个空间点以其齐次坐标 $P_w = (x_w, y_w, z_w, 1)^T$ 表示，当该点通过投影操作映射至图像平面上时，其坐标变为 $P' = (u, v, 1)^T$。此处引入一个 3×4 维的增广矩阵，该矩阵内蕴含了从三维空间到二维图像平面的旋转与平移参数信息，而 K 则代表相机的内参数矩阵。基于以上要素，三维空间点到二维图像点的投影关系可以简洁地表达为以下数学模型：

$$Z \begin{bmatrix} u \\ v \\ 1 \end{bmatrix} = K[R \mid t] \begin{bmatrix} x_w \\ y_w \\ z_w \\ 1 \end{bmatrix} = \begin{bmatrix} f_X & 0 & c_X \\ 0 & f_Y & c_Y \\ 0 & 0 & 1 \end{bmatrix} \begin{bmatrix} a_1 & a_2 & a_3 & a_4 \\ a_5 & a_6 & a_7 & a_8 \\ a_9 & a_{10} & a_{11} & a_{12} \end{bmatrix} \begin{bmatrix} x_w \\ y_w \\ z_w \\ 1 \end{bmatrix} \tag{5-71}$$

通过对最后一行进行处理，得以消除 z 坐标分量，从而提炼出两个独立的约束条件。整合这些所有的约束条件，并将其构建成一个方程组，可以求解出体现相机三维旋转特性的旋转矩阵 R 以及反映三维平移关系的平移向量。

尽管在处理平面特征点时，DLT 算法可能产生多重解，但在所探讨的对接导引过程中，目标大致朝向相机方向，我们能够凭借这一先验信息对解的空间进行合理约束，从而有效地确定相机的位姿。

虽然 EPnP 算法在多数情况下有较高的位姿估计精度，但在对称性位姿场景下，其性能受限。针对 EPnP 算法在处理对称位姿时的判断问题，引入在一定条件下可以应对平面特征点场景的 DLT 算法，提出一种结合 EPnP 算法与 DLT 算法的混合方法。首先，利用 EPnP 算法和 DLT 算法分别独立求解回收装置的初步位姿估计，随后基于这两种算法的输出计算出航向角 θ、距离 L 及二维坐标 x_b、y_b，如式 (5-72) 所示，其中权重系数 γ_1 和 γ_2 分别代表了对航向角、距离及二维坐标解算的重要性度量。这些权重系数在实验阶段被初始化为固定值，同时这些系数也可以基于误差反馈进行调整以优化解算精度。

$$\begin{bmatrix} \theta \\ L \\ x_b \\ y_b \end{bmatrix} = \begin{bmatrix} \mathrm{sgn}(\theta_{\mathrm{DLT}})[\gamma_1 \theta_{\mathrm{EPnP}} + (1-\gamma_1)\theta_{\mathrm{DLT}}] \\ \gamma_2 L_{\mathrm{EPnP}} + (1-\gamma_2) L_{\mathrm{DLT}} \\ \gamma_2 x_{\mathrm{bEPnP}} + (1-\gamma_2) x_{\mathrm{bDLT}} \\ \gamma_2 y_{\mathrm{bEPnP}} + (1-\gamma_2) y_{\mathrm{bDLT}} \end{bmatrix} \tag{5-72}$$

在无人艇对接回收场景中，无人艇通过追踪由无人艇视觉导引系统提供的回收导引线来指导自身的前进轨迹，此视觉定位过程是提取无人艇相机中的视频流中关于回收装置的有效信息后进行分析及解算，进而初步确定无人艇上搭载相机在世界坐标系下的位姿信息。值得注意的是，采用的世界坐标系是以回收装置为原点设立的，而相机安装于无人艇中轴线上，因此通过视觉定位获取到的相机位姿实质上反映了无人艇相对于回收装置的三维相对位姿关系。记目标点的相机坐标系坐标 $P = [x, y, z]^T$，世界坐标系坐标 $P_w = [x_w, y_w, z_w]^T$，由旋转矩阵 R、平移向量 t 的定义可得

$$P = \begin{bmatrix} x \\ y \\ z \end{bmatrix} = \begin{bmatrix} \dfrac{\vec{x}_w \cdot \vec{x}}{|\vec{x}_w| \cdot |\vec{x}|} & \dfrac{\vec{y}_w \cdot \vec{x}}{|\vec{y}_w| \cdot |\vec{x}|} & \dfrac{\vec{z}_w \cdot \vec{x}}{|\vec{z}_w| \cdot |\vec{x}|} \\ \dfrac{\vec{x}_w \cdot \vec{y}}{|\vec{x}_w| \cdot |\vec{y}|} & \dfrac{\vec{y}_w \cdot \vec{y}}{|\vec{y}_w| \cdot |\vec{y}|} & \dfrac{\vec{z}_w \cdot \vec{y}}{|\vec{z}_w| \cdot |\vec{y}|} \\ \dfrac{\vec{x}_w \cdot \vec{z}}{|\vec{x}_w| \cdot |\vec{z}|} & \dfrac{\vec{y}_w \cdot \vec{z}}{|\vec{y}_w| \cdot |\vec{z}|} & \dfrac{\vec{z}_w \cdot \vec{z}}{|\vec{z}_w| \cdot |\vec{z}|} \end{bmatrix} \begin{bmatrix} x_w \\ y_w \\ z_w \end{bmatrix} + \begin{bmatrix} t_x \\ t_y \\ t_z \end{bmatrix} = RP_w + t \tag{5-73}$$

根据解算获得的位姿参数，进一步转化为 LOS 制导所需描述无人艇与回收装置相对位置和姿态的变量参数：

$$\begin{cases} \theta = \arccos \dfrac{\vec{z}_w \cdot \vec{z}}{|\vec{z}_w| \cdot |\vec{z}|} \\ L = \sqrt{t_x^2 + t_z^2} \\ x_b = t_x \\ y_b = t_z \end{cases} \tag{5-74}$$

式中，参数 L 表示回收装置与无人艇间的实际距离；航向角 θ 表示无人艇航行中线与回收装置中轴线之间的夹角；在艇载坐标系内，回收装置的具体二维坐标由横纵坐标值 x_b、y_b 表示，如图 5-43 所示。

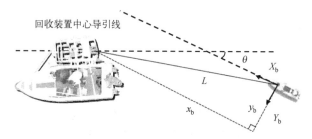

图 5-43　无人艇视觉导引系统制导参数示意图

思考与练习

1. 基于视觉的目标位姿估计通常包括哪几个步骤？每个步骤的主要功能是什么？
2. 单目相机通常考虑非线性模型的两种典型畸变形式是什么？请给出数学表达式。
3. 光学图像滤波的作用包括哪些？有哪些常用的滤波方法？
4. 水面光学图像的去雾原理是什么？
5. 如何利用棋盘格法标定相机内参数矩阵和外参数矩阵？
6. 什么是深度卷积神经网络？如何基于 YOLOV4-Tiny 构建水面目标检测的网络架构？
7. 基于颜色阈值分割的目标精细检测原理是什么？基本步骤是什么？
8. 基于单目视觉的水面目标相对位姿测量原理是什么？
9. 基于 STag 编码及 EPnP 的水面目标定位原理是什么？

第 6 章　无人艇智能航行控制案例设计与分析

本章主要汇总前几章所介绍的基础知识，开展面向无人艇对接回收的自主航行控制系统案例设计与分析，依次介绍无人艇智能航行控制系统架构设计、通信协议原理与设计以及自主对接回收控制案例设计与分析。针对基于视觉伺服的无人艇智能航行系统开展湖上试验，完成基于 LOS 制导的静态对接回收试验验证、动态对接回收试验验证以及自主避障下的静态靠泊试验验证。

6.1　无人艇智能航行控制系统架构设计

无人艇智能航行控制系统的架构设计涉及艇载硬件、艇载软件、上位机等主要部分。其中，艇载硬件部分包括高性能处理器、多种传感器及执行机构，如 GPS、雷达和摄像头，实现实时环境监测、数据处理与运动决策以及动作执行。艇载软件部分则通过制导、导航和控制算法，确保无人艇在复杂水域中的自主决策和路径规划。此外，上位机部分为操作者提供实时监控和任务管理的功能，提供了人机交互的窗口。

6.1.1　智能航行控制系统硬件架构设计

1. 集成式智能航行控制架构硬件设计

Pixhawk 航行控制器是发源于无人机领域的经典自动驾驶仪，经过世界各地开发者的共同积累，现已发展成为适用于各类型小型无人航行器的通用航行控制器，包括无人艇、多旋翼无人机和无人车等。Pixhawk 是一款集成度非常高的航行控制器，采用一体化集成板载硬件设计，将惯性测量单元(IMU)、主控单片机等芯片全部集成在一块电路板上。其中，IMU 是由三轴磁力计、三轴加速度计以及三轴陀螺仪组成的 MEMS 传感器组合。如图 6-1 所示，该控制器尺寸小巧(长 8.1cm，宽 4.9cm，厚 1.6cm)、设计紧凑、外设接口丰富，有利于空间紧凑的小型无人艇使用。

如图 6-2 所示，集成式无人艇智能航行控制系统主要以 Pixhawk 为航行控制器硬件核心，板载集成嵌入式主控芯片、加速度计、陀螺仪、气压计、各类接口获取无人艇运动控制所需的各类传感器信息和发布执行器指令，艇载外围设备包括 GPS、姿态传感器、电调、舵机、存储卡等部分，岸基端包括遥控器和上位机。Pixhawk 通过 IMU 传感器和 GPS 获取无人艇的姿态和位置信息，并通过数传单元将信息发送给上位机，以便岸基操作人员能够掌握无人艇的实时运行状态。同时，传感器所采集的状态信息、控制电机与舵机的指令信息等也可以用更高频率日志文件存储于艇载本地存储卡中，方便后续分析原始数据。对于岸基端，遥控器用于无人艇的任务启动或结束、航行任务模式切换、安

全应急干预控制，而上位机则用作无人艇的自主任务设置、控制参数调整、状态可视化
监控等。

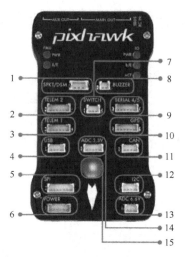

图 6-1　Pixhawk 集成航行控制器

1-Spektrum DSM 接收机；2-遥测（电台遥测）；3-遥测（屏幕上显示）；4-USB；5-SPI（串行外设接口）总线；6-电源模块；
7-安全开关按钮；8-蜂鸣器；9-串行；10-GPS 模块；11-CAN(controller area network)总线；12-I2C 分流或罗盘模块；
13-模拟-数字转换器 6.6V；14-模拟-数字转换器 3.3V；15-LED 指示器

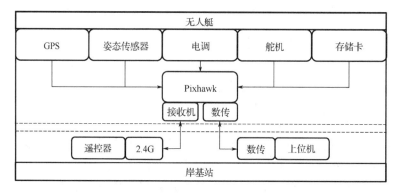

图 6-2　集成式无人艇智能航行控制系统硬件框图

如图 6-3 所示，按照功能可将无人艇硬件系统细分为姿态测量单元、位置测量单元、
动力单元、调试单元、数传单元、文件单元、电源单元和手操遥控器。Pixhawk 航行
控制器中包含主处理器 STM32F427 和协处理器 STM32F103，协处理器 STM32F103
主要用于与手操遥控器与动力单元进行数据通信，主处理器 STM32F427 则主要用作数
据计算与控制。两个处理器协同实现高速数据运算能力，扩展丰富的传感器接口，可
以在不同的场景下连接相应传感器，为自主航行提供更多灵活应用场景。关于涉及的
传感器单元，位置测量单元采用 Ublox_NEO-M8N 模块，姿态测量单元采用 MPU9250
九轴运动姿态传感器与 L3GD20 陀螺仪模块。

无人艇执行航点跟踪任务时，主处理器读取姿态测量单元中的航行姿态，以及位置
测量单元中的实时位置和航行速度，同时接收上位机下达的预设任务指令。主控制器通

过对比目标航点和当前位置的偏差，计算出电机的指令转速和舵机的指令舵角，达到控制推力和转矩的效果，实现无人艇的航速和航向跟踪控制。

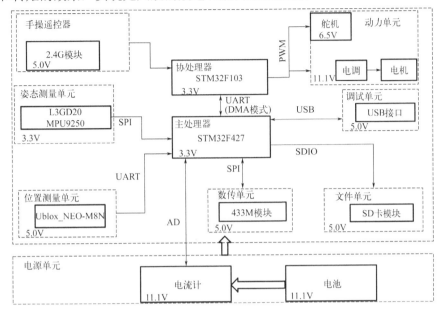

图 6-3　基于 Pixhawk 的集成式无人艇硬件组成

2. 模块化智能航行控制架构硬件设计

无人艇通常采用模块化硬件架构。这种设计理念是将一个复杂的硬件系统分解成若干个具有特定功能的模块，每个模块相对独立，可以与其他模块协同工作以实现整个系统的功能。这种设计方法允许各个模块独立开发、测试和维护，提高了系统的灵活性和可扩展性。如图 6-4 所示，某小型无人艇的硬件系统由控制模块、感知模块、执行模块、供电模块、通信模块等组成，主要包括树莓派控制板、惯性导航传感器、激光雷达、视觉传感器、稳压电源、数传电台、路由器等。对一艘小型无人艇而言，视觉传感器与激光雷达通常布置在桅杆高处且处于中纵剖面上，惯性导航传感器布置在舱内尽可能靠近重心或几何中心位置，并将三轴对准艇载坐标系。GPS 卫星接收天线在艏艉各布置一个，且两者间距通常不少于 1m。

根据无人艇的控制分层架构特点，该无人艇硬件系统中的控制模块采用集总式分层设计，细分为算力控制器、运动控制器及基础控制器。其中，算力控制器负责进行艇载高带宽、大容量传感器数据的收集及实时处理；运动控制器负责进行无人艇航行控制，并输出执行机构控制指令；基础控制器负责对艇载基础设备以及执行机构进行底层闭环控制。三者之间相互通信，实现无人艇的自主航行。组网方面，艇载激光雷达、算力控制器及运动控制器组成局域网。其他外设设备与运动控制器、基础控制器之间多以串口通信为主。

无人艇端部分模块硬件设备介绍如下。

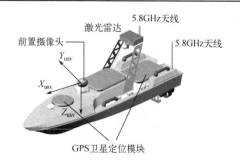

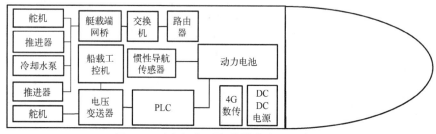

图 6-4　无人艇主要硬件模块布置示意图

1)艇载传感模块

艇载传感模块包含惯性导航、激光雷达以及视觉传感器。惯性导航设备用来获取无人艇自身的位姿状态;激光雷达可以感知无人艇周围环境,获取障碍物、回收坞站等位置信息;视觉传感器用来识别周围目标的类型及获取相对位姿信息。主要硬件设备参数如表 6-1～表 6-3 所示。

表 6-1　惯性导航传感器性能参数

产品性能					电气参数		
姿态精度/(°)	航向精度/(°)(磁/双天线定位/(°))	位置精度/m	加速度计零偏稳定性/μg	陀螺仪零偏稳定性/(°/h)	供电/V	功耗/mW	工作温度/℃
0.1	0.8(0.2)	1.2	14	7	5～36	<1000	−40～85

表 6-2　激光雷达性能参数

规格参数							电气参数	
探测距离/m	精度/cm	水平视场角/(°)	垂直视场角/(°)	角度分辨率	帧率/FPS	总线数	输入电压/V	工作温度/℃
1.5～200	±2	120°	25°	0.13″水平 0.1″垂直	10	180	12～36	−40～75

注:FPS(frames per second),表示帧/秒。

表 6-3　视觉传感器性能参数

参数	值	参数	值
像素	500 万像素 2/3″CMOS 千兆以太网工业面阵相机	供电	12VDC,支持 PoE 供电
传感器类型	CMOS,全局快门	典型功耗	<3.2W@12VDC
分辨率	2448×2048	外形尺寸/mm	29×29×42
最大帧率	90FPS	重量/g	68

2)通信模块

无人艇端通信模块负责向岸基站发送无人艇航行状态信息,同时接收来自岸基端的任务指令、控制参数等。通信模块是无人艇必不可少的重要组成单元,通常由无线数传、射频通信模块等组成。根据作用距离,分为视距链路(无人艇与上位机之间的距离在无线电"可视"距离内)和超视距链路。其中,视距链路实现方式可以有数传电台、2.4/5.8GHz Wi-Fi 以及移动运营商网络。数传电台常用频率有 2.4GHz、433MHz、900MHz、915MHz,其中开放频段 433MHz 使用较多,因为这个波长较长、水面传播穿透力强,当采用 9600bit/s 传输速度时,通信距离可达 1km。超视距链路通信常采用卫星或其他设备中继,如北斗二代和三代短报文通信模块。

通常,小型无人艇作业范围 10km 以内都属于无线电可覆盖的短视距链路。此处,以船岸 1km 范围内高带宽通信模块为例,无线网桥主要性能参数如表 6-4 所示。

表 6-4　无线网桥相关性能

工作频段/GHz	吞吐量/(Mbit/s)	以太网	有效通信距离/km	供电形式	功耗/W
4.9~6.0	866	千兆网口	1	POE 供电	≤12

3)控制模块

控制模块主要包括处理不同任务的三种控制器(图 6-5):对传感器数据进行采集和实时处理的算力控制器、进行无人艇航行控制的运动控制器以及驱动动力单元的基础控制器。无人艇航行过程中需要高可靠的基础控制器,因此通常选用工业级可编程逻辑控制器(programmable logic controller,PLC)。算力控制器考虑需要处理数据量较大且算力要求高,因此可选择英伟达嵌入式开发套件,其体积小、算力强、生态好,广泛应用于人工智能领域。运动控制器则采用树莓派执行艇载多任务调度和运动控制算法逻辑运行。树莓派是一款基于 ARM 处理器和 Linux 操作系统的单板计算机,在机器人领域广泛使用。

(a) Jetson Xavier NX 算力板　　　　　(b) 树莓派控制器　　　　　(c) 工业级可编程控制器

图 6-5　无人艇典型控制模块硬件

6.1.2　艇载嵌入式软件架构设计

无人艇端将软件系统布置在三个控制器,每个控制器根据具体的功能划分搭建了不同的软件架构。基础运动控制器 PLC 主要完成对终端执行机构桨舵的底层控制,控制逻辑相对简单。因此本书将着重介绍两个上层控制器的软件架构设计。

1. 算力控制器

算力控制器负责采集高带宽的传感器数据，经过算法实时处理后将感知结果输出给运动控制器。因此，考虑将算力控制器软件系统依据功能分层设计，底层向上层提供相关调用控制接口。图 6-6 给出了算力控制器搭载软件系统架构。

算力控制器可采用英伟达 Xavier 开发板，搭载 Ubuntu 底层操作系统，结合机器人操作系统(robot operating system，ROS)的开源生态驱动库实现对各传感器数据的采集。激光雷达通过网口按照 TCP 协议输送至算力控制器，视觉传感器通过 USB 接口传输图像。接着，针对点云、图像的实时处理，可以分别利用点云处理算法开源库(point cloud library，PCL)和图像处理算法开源库 OpenCV 进行。数据处理日志结果存储可采用 Sqlite 嵌入式轻量级数据库。最后，处理结果数据，实时发送至运动控制器。二者之间的通信协议采用轻量化 Mavlink 通信消息。软件功能模块分别抽象封装成对应功能类，供应用软件设计调用。为方便远程连接算力控制器，实现日志导出分析，启用 FTP Server 服务器，可以实现远程文件连接。整个功能层部署在 ROS 之上，利用 ROS 的话题通信机制，实现各个线程间的可靠数据传输。

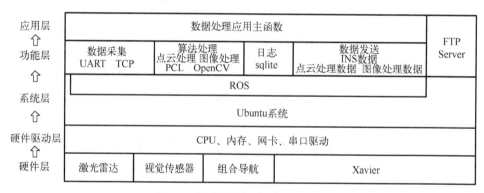

图 6-6　算力控制器软件分层架构

2. 运动控制器

运动控制器完成对算力控制器的惯性导航数据与感知处理数据的接收、运动规划算法设计、控制指令输出以及艇载状态回传至岸基站等功能。整个软件部署于艇载树莓派的 Raspbian 系统中。该系统是 Debian 系统针对树莓派硬件定制优化之后的操作系统。软件架构设计如图 6-7 和图 6-8 所示。应用层根据功能分为两个线程，即控制线程以及 PLC 通信线程。控制线程负责实现无人艇的航路跟踪，并输出执行机构控制指令。PLC 通信线程负责与基础控制器 PLC 之间进行通信，发送执行机构的 PWM 执行命令。

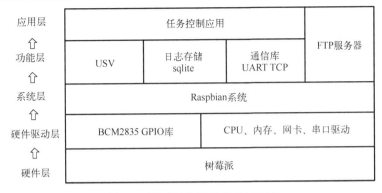

图 6-7 运动控制器软件分层架构

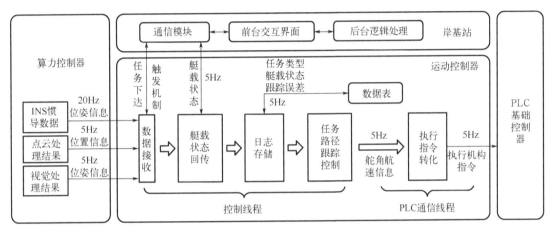

图 6-8 艇载软件调度机制

6.1.3 岸基端上位机应用软件设计

岸基端上位机软件主要部署在岸基监控电脑上，与艇载端嵌入式软件进行无线通信，提供状态显示、任务下达、参数配置等功能。岸基监控电脑通常运行 Windows 系统，使用 QT 平台进行上位机软件开发。其具体架构见图 6-9。

整个监控上位机软件主要有主界面 MainWindow 以及参数列表界面两部分组成。其中，主界面软件部分可以分为 3 层：通信层、逻辑层及界面层。通信层基于 MavLink 协议与艇载端建立连接，接收到相应消息包后通过逻辑层进行解析。逻辑层主要进行界面初始化、协议解析、任务指令封装，以及信号与槽机制的挂接。界面层利用仪表盘和输出框进行艇载状态的显示，地图功能基于 html 网页开发，通过容器加载的形式将地图嵌入到主界面显示出来。实现轨迹显示以及航点设置等功能，则需要主界面和网页之间进行通信，可利用 QT 内部的 QWebchannel 实现 C++与 JavaScript 之间的跨语言通信。参数列表控件通过容器控件提升的方式嵌入主界面中，在逻辑层实现信号与槽的挂接，实现参数列表与主界面之间的通信。

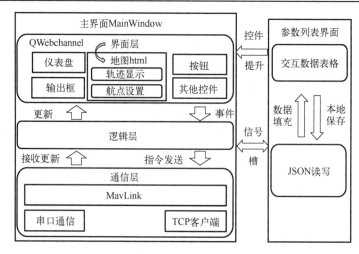

图 6-9　岸基监控上位机软件架构

主界面和参数列表界面显示见图 6-10 与图 6-11。主界面包括地图窗口、通信模块、控制模块、状态栏模块、窗口切换模块、仪表显示模块及数值显示模块区域。地图窗口区域可以实现无人艇的实时航行轨迹显示，也可以添加任务航点、加载多航点任务。仪表显示模块及数值显示模块区域能友好地可视化无人艇的位置姿态、速度等信息。地图窗口配合控制模块完成对航点任务配置。为适应更多参数的灵活配置需求，参数列表界面将待调整的全部参数以表单的形式呈现，界面初始化时将预先设置在 json 文件的参数进行加载，以参数索引、参数说明、参数值的形式在表单中显示，有利于参数的灵活增减。与此同时，针对一些经常需要调整的参数列表，程序单设一个参数设置选项卡，可以更加快捷便利地修改常用参数，如图 6-12。

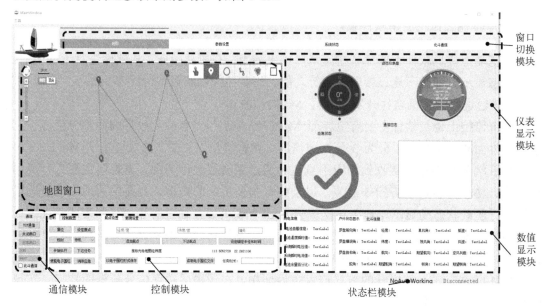

图 6-10　岸基监控上位机软件主界面

图 6-11　岸基监控上位机软件参数列表界面

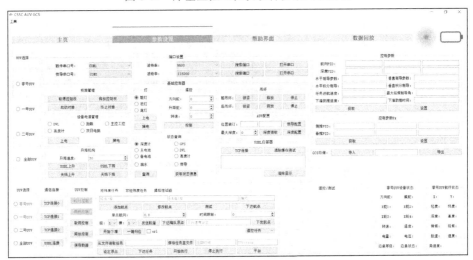

图 6-12　岸基监控上位机软件常规参数修改界面

6.1.4　开源通用上位机软件案例

为配合 Pixhawk 集成化航行控制器的船岸数据交互，国际上开发了两款经典的开源上位机软件：QGroundControl 和 Mission Planner。这两款上位机软件可以实现对各类型无人航行器的统一管控。通常，这类上位机软件也采用 QT 开发，用于无人航行器的统一管控、数据可视化和数据存储。如图 6-13 所示，该上位机的功能架构设计可分为用户界面层、模型控制层、协议层和链接层。用户界面层中，任务规划界面实现对无人航行器的任务规划，固件参数设置界面实现对无人航行器的参数调整，航行控制页面实现对无人航行器的航行控制与状态显示，日志分析界面用于下载无人航行器中艇载日志；模型控制层实现对各类型无人航行器所发送数据的处理与接收数据的接口处理；协议层中的 MavLink 协议实现船岸的数据传输；连接层中的串口连接利用多线程方法可管理多个无人航行器的连接。

上位机与多个无人航行器建立连接时，对无人航行器搭载 Pixhawk 硬件中的固件类型进行判断，确认类型之后，获取固件中的全部参数，同时监听其他无人航行器的连接申请，如果存在，则进行新的固件类型判断，并获取该无人航行器的全部参数。然后，根据参数设定范围，判断硬件是否需要校准，校准完成之后，初始化过程结束。建立连接的流程如图 6-14 所示。

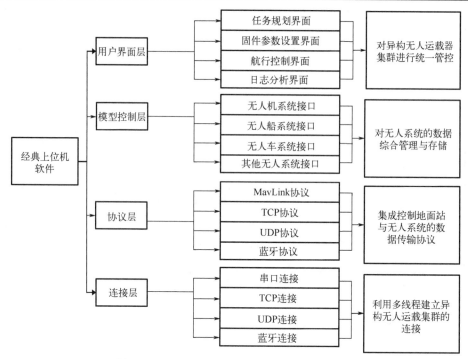

图 6-13　QGroundControl 上位机功能架构设计

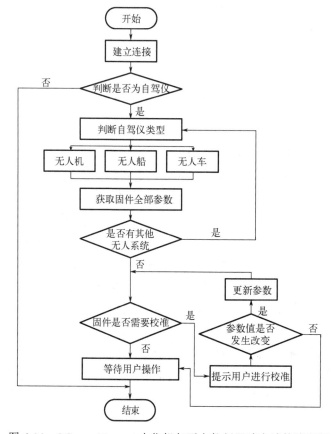

图 6-14　QGroundControl 上位机与无人航行器建立连接流程图

建立连接之后，上位机的任务规划页面可对每个无人航行器单独进行航路规划，并将任务通过数传写入艇载固件中，当任务解锁启动且处于自动执行任务模式时，无人航行器按预装载任务航行直至任务结束，其任务规划的流程图如图 6-15 所示。

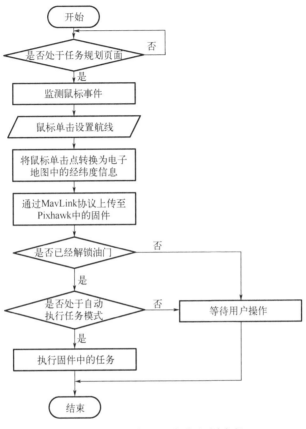

图 6-15　无人航行器任务规划流程

6.2　通信协议原理与设计

无人艇的艇载设备与主控板之间、艇端与岸基站之间都需要预先设定通信协议才能完成信息交互。通信协议通常可以划分为底层通信协议(物理层)和通信报文协议(应用层)。其中，底层通信协议是物与物通信的基础，是物理层硬件决定的协议类型，常见的有线通信包括串口、CAN、网口等，无线通信包括 Wi-Fi、ZigBee、nRF24L01 等。这些硬件通信模块工作需要依赖于对应的底层硬件通信驱动，如 UART、SPI、IIC、CAN 等。通常把这些底层硬件通信驱动称为底层通信协议，这些协议的作用是实现硬件通信模块能够正确收发指定带宽限制的数据，但不限定具体传输数据内容。硬件通信模块没有这些底层通信协议支持就无法发挥正常功能，当前很多嵌入式单片机硬件资源通信接口丰富，在硬件接口和软件库函数中已固化了常见的硬件通信模块和底层通信协议。因此，这些底层通信协议通常不是无人艇研发用户需要自主开发的重点，只需要根据通信接口类型做合理参数配置即可。

在解决物理层硬件通信的基础上，软件通信协议才是开发者需要着重设计的应用层协议内容，这也是物联网通信的关键，通过软件通信协议规定待传输数据的排列方式。通常按照指定规律排列的一串数据内容称为"通信报文"。

一个完整的软件通信协议包括以下内容：

(1)规定通信报文的格式；

(2)规定报文的编解码方法；

(3)规定报文的校验方法(校验用于保证报文传输正确性)。

常见的软件通信协议分为标准化的通用协议和专用自定义的协议。典型软件通信协议代表包括 NMEA 协议和 MavLink 协议，具体协议格式及设计要点介绍如下。

6.2.1　NMEA0183 协议及标准格式

1.　NMEA0183 协议格式基本规范

NMEA0183 通信协议是美国国家海洋电子协会为海洋电子设备制定的通信协议，几乎所有的全球定位系统都支持该协议。它的通信格式如图 6-16 所示。从图 6-16 中可见，一帧完整的通信报文包括命令起始位、地址域、数据、校验码和结束位。起始位符号"\$"标志着新的一帧数据的到来。通用 NMEA 标准语句格式说明如下：

\$AACCC，c—c*hh<CR><LF>

其中

\$(24H)：语句起始

AACCC：地址字段，前两位表示"发送者"，后三位表示语句类型

"，"(2Ch)：字段分隔符

c—c：语句的数据区

"*"(2Ah)：分隔符

hh：校验和，针对从"\$"到"*"之间的全部字符(不包括"\$"和"*")进行异或操作，但不包括"\$"和"*"。传输时高四位和低四位的十六进制值被转换成两个 ASCII 字符，其中，高四位先进行传输。

<CR><LF>(0Dh, 0Ah)：语句结束

标准 NMEA 语句允许出现空字段，当信息中的一个或多个参数不可靠或无效时，用空字段代替。依据在语句中所处的位置，空字段用两个逗号"，，"或者"，*"作为分隔符。

图 6-16　NMEA 通信数据结构

地址字段标示数据的来源和种类。地址字段由 5 个字符组成，前 2 个字符为识别符，后 3 个字符为语句名。识别符是数据来源的说明，其类别如表 6-5 所示。

语句名则标示该帧通信报文中包含的数据。在不同的语句名下，包含的数据不同。每一种语句名都有自己固定的数据格式。NMEA0183 通信协议中有关 GPS 卫星导航定位的数据信息有十几种，包括$GPGGA、$GPGLL、$GPRMC 等。常用的语句名为 GPRMC、GPGGA、GPZDA 数据帧。这些常见的数据帧包含了无人艇导航定位及授时所需的经纬度、速度、时间等基本信息，通常以 5Hz 对外输出。

表 6-5 NMEA 识别符

数据来源	识别符
GPS 与其同频段产品 SBAS、QZSS	GP
格洛纳斯(GLONASS)	GL
伽利略(Galileo)	GA
北斗	BD
全球导航卫星系统(Global Navigation Satellite System，GNSS)	GN

2. NMEA0183 协议卫星导航定位常见语句数据格式

对无人艇而言，卫星导航定位是重要的自身位姿感知手段，采用常规的卫星定位接收模块解析获取所需的定位导航和授时等信息。常见的语句数据格式说明如下。

GPGGA：GNSS 定位信息

数据格式：

$GPGGA，hhmmss.ss,Latitude,N,Longitude,E,FS,NoSV,HDOP,msl,m,Altref,m,DiffAge,DiffStation*cs<CR><LF>

最高输出速率：5Hz(具体视 GNSS 板卡而定)。

数据格式详细说明如表 6-6 所示。

表 6-6 GPGGA：GNSS 定位信息

字段号	名称	说明	格式	举例
1	$GPGGA	GGA 消息协议头	$GPGGA	$GPGGA
2	hhmmss.ss	UTC 时间	hhmmss.ss	092725.00
3	Latitude	纬度，度分格式，前导位数不足时补零	ddmm.mmmm	4717.1139
4	N	纬度半球 N(北纬)或 S(南纬)	c	N
5	Longitude	经度，度分格式，前导位数不足时补零	dddmm.mmmm	00833.9159
6	E	经度半球 E(东经)或 W(西经)	c	E
7	FS	GPS 状态：0=初始化，1=单点定位，2=码差分，4=固定解，5=浮点解，6=正在估算，7=人工固定值，8=航位推算模式，9=WAAS 差分	x	1
8	NoSV	正在使用解算位置的卫星数量，前导位数不足时补零	xx	08
9	HDOP	HDOP 水平精度因子(0.5~99.9)	x.x	1.1

续表

字段号	名称	说明	格式	举例
10	msl	海拔高度	xxxxx.xx	499.60
11	m	单位，M 为米	c	M
12	Altref	地球椭球面相对于大地水准面的高度	xxxx.xx	48.00
13	m	单位，M 为米	c	M
14	DiffAge	差分时间，前导位数不足时补零，从最近一次接收到差分信号开始的秒数，如果不是差分定位将为空	xx	00
15	DiffStation	差分站 ID 号，前导位数不足时补零，如果不是差分定位将为空	xxxx	0000
16	cs	校验	*hh	*5B
17	<CR><LF>	固定包尾	—	<CR><LF>

GPRMC：GNSS 推荐定位信息

数据格式：

$GPRMC,hhmmss,status,Latitude,N,Longitude,E,Spd,cog,ddmmyy,mv,mvE,mode*cs<CR><LF>

最高输出速率：5Hz。

数据格式详细说明如表 6-7 所示。

表 6-7　GPRMC：GNSS 推荐定位信息

字段号	名称	说明	格式	举例
1	$GPRMC	RMC 消息协议头	$GPRMC	$GPRMC
2	hhmmss	UTC 时间，hhmmss(时分秒)	hhmmss.ss	083559.00
3	status	定位状态，A=有效定位，V=无效定位	c	A
4	Latitud	纬度，度分格式，前导位数不足时补零	ddmm.mmmm	4717.1143
5	N	纬度半球 N(北纬)或 S(南纬)	c	N
6	Longitude	经度，度分格式，前导位数不足时补零	ddmm.mmmm	00833.9152
7	E	经度半球 E(东经)或 W(西经)	c	E
8	Spd	地面速率，单位(节)	x.xxx	0.402
9	cog	地面航向(0~359.99)，单位(度)，以真北为参考基准	x.x	77.5
10	ddmmyy	UTC 日期，ddmmyy(日月年)	ddmmyy	091202
11	mv	磁偏角，单位(度)，前导位数不足时补零	x.x	0.0
12	mvE	磁偏角方向，E(东)或 W(西)	c	E
13	mode	模式指示(仅 A=自主定位，D=差分，E=估算，N=数据无效)	c	A
14	cs	校验	*hh	*53
15	<CR><LF>	固定包尾	—	<CR><LF>

GPZDA：GNSS UTC 时间和日期

数据格式：

$GPZDA,hhmmss,dd,mm,yyyy,pp,ff*cs<CR><LF>

最高输出速率：5Hz。

数据格式详细说明如表 6-8 所示。

表 6-8 GPZDA：GNSS UTC 时间和日期

字段号	名称	说明	格式	举例
1	$GPZDA	ZDA 消息协议头	$GPZDA	$GPZDA
2	hhmmss	UTC 时间，单位(秒)，前导位数不足时补零	hhmmss.ss	083559.00
3	dd	UTC 日期，前导位数不足时补零	dd	30
4	mm	UTC 月份，前导位数不足时补零	mm	10
5	yyyy	UTC 年	yyyy	2013
6	pp	本地时区小时偏移量，前导位数不足时补零	xx	00
7	ff	本地时区分钟偏移量，前导位数不足时补零	xx	00
8	cs	校验	*hh	*53
9	<CR><LF>	固定包尾	—	<CR><LF>

6.2.2 MavLink 轻量化通信协议

1. MavLink 通信协议基本原理

MavLink(micro air vehicle link)协议最早由苏黎世联邦理工学院计算机视觉与几何实验组的 Lorenz Meier 于 2009 年发布，并遵循 LGPL 开源协议。Mavlink 协议是在串口通信基础上的一种更高层的开源通信协议。早期主要用于微型飞行器(micro aerial vehicle)的空地通信上，现在已发展为适合无人机、无人艇、无人车等多种无人航行器的轻量化高效通信协议。MavLink 协议是这些无人航行器和岸基站之间的通信定义的一套发送和接收的规则并加入了 16 位的 CRC 校验(checksum)功能，验证接收的消息是否错位或不一致，从而保证发送和接收消息的一致性。与 IP 协议类似，MavLink 协议中也无主从关系，其报文包含了固定的头部和尾部，但由于其携带的数据量小，因此适用于无人艇所进行的小带宽轻量级通信。

IP 协议是网络通信中约定通信报文的传输和交互格式。在计算机网络中，协议栈是报文从产生到发送所需要经历的一系列协议封装(从接收到解码的过程则是这种封装顺序的逆过程)，每层协议都会将从上层传递下来的报文作为有效载荷，然后加入当前这一层的头部和尾部，以分层实现特定功能，达到解耦的目的。与传统意义上计算机的网络通信类似，基于 MavLink 的无人艇通信协议设计也具有特有的协议栈，但对比计算机的网络通信协议架构，MavLink 通信协议层次设计和定义要更加简洁高效。对比这两种通信协议栈，结果如图 6-17 所示。

图 6-17 左侧是由 ISO(国际标准化组织)制定的 5 层开放式系统互联通信(open system

interconnection，OSI），该模型描述了一个典型的计算机通信层次，特别地，这里使用了最为广泛使用的 TCP/IP 协议栈作为例子。图 6-17 右侧为无人艇的通信层次。对应了 OSI 模型中的网络层，也就是 TCP/IP 协议栈中的 IP 协议，MavLink 协议起到了和 IP 协议类似的作用，它不直接与硬件交互，而是为上层协议（如 QGroundControl 上位机中 waypoint 协议）定义的特定结构载荷添加固定的头部和尾部，然后将 MavLink 报文通过写入串口传递给下一层类似于 Mac 协议的无线网络通信协议进行处理，如 IEEE 802.11。而在 MavLink 协议的基础上，通过 xml 或 json 配置文件定义载荷结构，则可以在 MavLink 协议上层构建更加复杂的通信逻辑来实现更具体的通信特性和功能要求。

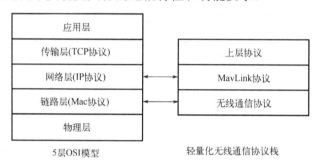

图 6-17 传统计算机网络协议栈与无人航行器通信协议栈对比示意图

MavLink 通过预先定义的一系列配置文件定义了一些基础的通用消息类型，这是 MavLink 的核心技术之一。这些通用消息涵盖了无人艇航行所需交互的各种状态信息的描述，并且提出了任务（mission）的概念。通过这些通用的消息类型，MavLink 提供了一整套上位机与无人艇的消息通信模型，用户可以基于已有通用消息库快速实现上位机与无人艇之间进行任务、状态、命令等参数传递，只需要参照 MavLink 接口提供函数传入参数。

除了通过 xml 或 json 配置文件定义载荷结构，MavLink 开发人员还通过内置的配置文件给出了一整套常用的载荷结构，也就是 MavLink 的核心部分。这些配置文件定义了一系列常用的消息，包括心跳包、长命令等。从代码角度来说，这些载荷结构也是 MavLink 协议的一部分，但因为在计算机网络中，协议栈中的每一层协议都会在上层传下来的报文中加上该层的头部和尾部，而 MavLink 的头部和尾部也是固定的，且 MavLink 协议只提供一系列通用类型消息报文结构而没有定义报文的交互逻辑，所以可将通过配置文件定义的 MavLink 报文有效载荷部分视为上层协议的内容。

2. MavLink 通信协议格式及版本

MavLink 协议以消息库的形式定义了参数传输的规则，如图 6-18 所示。MavLink 官方消息框内置定义了大量通用的消息类型，并分别用唯一的消息 ID 标识，如表 6-9 所示。截至目前，MavLink 协议一共有两个版本，分别是 v1.0 和 v2.0，且 v2.0 版本向下兼容 v1.0 版本。

MavLinkv1.0 Frame(8～263B)

序号	1	2	3	4	5	6	7	...	N-2	N-1	N
名称	STX	LEN	SEQ	SYS	COMP	MSG	PAYLOAD			CKA	CKB

图 6-18　MavLink v1.0 协议的数据帧结构

表 6-9　MavLink v1.0 消息帧格式

区域	字节索引	内容	值	解释
STX	0	包起始标志	v1.0: 0xFE	包的起始标志,在 v1.0 中以"FE"作为起始标志(FE=254)
LEN	1	有效载荷长度	0～255	有效载荷数据的字节长度
SEQ	2	包的序列号	0～255	每发送完一个消息,内容加 1,用以检测丢包情况
SYS	3	系统 ID 编号	1～255	发送本条信息包的系统/飞行器的编号,用于消息接收端在同一网格中识别不同的 MAV 系统
COMP	4	邮件 ID 编号	0～255	发送本条信息包的邮件的编号,用于消息接收端在同一系统中区分不同的组件,如 IMU 和航行控制板
MSG	5	消息包 ID 编号	0～255	有效载荷中消息包的编号,这个 ID 定义了有效载荷内存放的消息的类型,以便消息接收端正确地解码消息包
PAYLOAD	6～N+6	有效载荷数据	0～255	要用的数据放在有效载荷里,内容取决于 message ID
CKA	N+7	校验和低字节	—	十六位校验码:ITU X.25/SAE AS-4 哈希校验(CRC-16-CCITT),不包括数据包起始位,从第一个字节到有效载荷(字节 1～(N+6))进行 CRC16 计算(还要额外加上一个 MAVLINK_CRC_EXTRA 字节),得到一个十六位校验码
CKB	N+8	校验和高字节		

1)起始标记(STX)

STX 位用来表示消息的开始,在 MavLink 消息帧接收端进行消息解码时,可以通过 STX 标记进行消息识别和解析。

2)有效载荷字节长度(LEN)

LEN 记录了有效载荷 PAYLOAD 的字节长度,取值范围是 0～255,在 MavLink 消息帧接收端,可以借助 LEN 值与接收的有效载荷长度进行比较,来验证有效载荷的长度是否正确。

3)消息帧序列号(SEQ)

SEQ 在 MavLink 里面维护了一个全局的变量,每次发送完一个消息,这个字节的内容会加 1,在 MavLink 消息帧的封装过程中,将该字段添加进 MavLink 协议里面,加到 255 后会从 0 重新开始。这个序号用于 MavLink 消息帧接收端计算消息丢失比例,接收端获取到总共所发送的数量以及丢失的数量,用丢失比例作为信号强度。

4)发送本条消息帧的设备的系统编号(SYS)

SYS 用于 MavLink 消息帧接收端识别是哪个设备发来的消息,使用 Pixhawk 刷 px4 固件时默认的系统编号是 1。

5)发送本条消息帧的设备的单元编号(COMP)

COMP 用于 MavLink 消息帧接收端识别是设备的哪个单元发来的信息,使用 Pixhawk 刷 px4 固件时默认的单元编号是 50。

6）有效载荷中消息包的编号（MSG）

与序列号不同，这个字节标识消息的种类，MavLink 消息帧接收端要根据这个编号来确定有效载荷里到底放了什么消息包（MavLink 消息里面有约 260 种消息类型，常用的如心跳、姿态、GPS 等），并根据编号选择对应的方式来处理信息包里的有效载荷部分。

7）校验位（CKA 和 CKB）

对于不同的消息，有效载荷的长度是变化的，在有效载荷后面的两个字节是十六位 CRC 校验位，CKA 是低八位，CKB 是高八位。校验码由 CRC16 算法得到，算法将整个消息（从起始位开始到有效载荷结束，还要额外加上个 MAVLINK_CRC_EXTRA 字节）进行 CRC16 计算，得出一个十六位的校验码。

每种有效载荷里信息包（由消息包编号来表明是哪种消息包）会对应一个 MAVLINK_CRC_EXTRA，这个 MAVLINK_CRC_EXTRA 是由 MAVLink 代码的 xml 文件生成的，不同版本的 MavLink 协议计算得到的检验码会不同。加入校验码的目的是使飞行器和上位机使用不同版本的 MavLink 协议时，不能正常工作，从而避免由于版本不同，进行通信带来的潜在问题。

MavLink v2.0 版本在 v1.0 的基础上加入了一些新特性，如图 6-19 所示。v2.0 首先在头部中加入了两个八位的 FLAG 和 IFLAGS 字段用来分别搭载必须能被处理的标识和可被忽略的标识，并将 MSG 字段从十六位提升到了二十四位，增加了可定义 MavLink 消息的数量，从 v1.0 版本的 256 条增加到 16777216 条。另外，新版本协议还加入了目标系统 ID（TSYS）和目标组件 ID（TCOMP）字段，可用来标识需要发送到的系统和组件，完善了点对点通信机制。同时，在尾部也加入了一个 SIGNATURE 字段，使用签名验证传输的安全性，可进行报文加密。值得一提的是，MavLink v2.0 在上层引入了一种 Topic mode，从而可以实现发布-订阅模型进行报文的多播，传输过程中不发送目标系统 ID 和组件 ID 以节省链路带宽，然而同样没有改变其点对点模型的本质，其报文的核心字段与图 6-18 依然非常类似。

MavLink v2.0 Frame(11~279B)

序号	1	2	3	4	5	6	7	8	9	10
名称	STX	LEN	FLAGS	IFLAGS	SEQ	SYS	COMP	MSG(3B)		

序号	11	12	13		$N-15$	$N-14$	$N-13$	$N-12$	...	N
名称	TSYS	TCOMP	PAYLOAD(0~255B)			CKA	CKB	SIGNATURE(13B)		

图 6-19　MavLink v2.0 协议的数据帧结构

v2.0 版本消息帧完整定义及含义如表 6-10 所示。

表 6-10　MavLink v2.0 消息帧格式

区域	名称	索引	长度	含义	取值
STX	起始标识	0	1	表示新消息的开始,用于消息识别、解析	253
LEN	负载长度	1	1	记录负载信息的长度	0~255
INC FLAGS	不兼容性标志	2	—	是一个必须被理解的标志,用来保证 MavLink 兼容性(如果不理解标志,实现则会丢弃数据包)	—
CMP FLAGS	兼容性标志	3	—	是一个而可以不被理解的标志,如果不被理解,则被忽略(即使它不理解标志,实现仍然可以处理数据包)	—
SEQ	序列号	4	1	消息发送序列码,用于通信可靠性检验	0~255
SYS	系统 ID	5	1	发送该信息系统的系统 ID	1~255
COMP	组件 ID	6	1	发送该消息系统组件的组件 ID	0~255
MSG	消息 ID	7~9	3	标识该消息的种类	0~255
PAYLOAD	负载信息	10~N+10	N	消息内部负载信息	0~255
CKA	校验位 A	N+11	1	CRC 校检位(低八位)	CRC16 计算
CKB	校验位 B	N+12	1	CRC 校检位(高八位)	
SIGNATURE	签名	—	—	(可选)签名以确保连接是防篡改的	—

3. MavLink 通信协议示例

MavLink 最典型也是最常用的消息类型是心跳包,它对应的消息 ID 为 0,通常用来对设备进行保活检测,无人艇和上位机都会发出这个信号,上位机或无人艇根据这个信号判断无人艇或上位机是否已经失去了联系;另外一种比较常用的消息类型是长命令,对应的消息 ID 字段值为 76,一般在上位机向无人艇发送特定命令时使用,其有效载荷中包含了发送的目标系统 ID、命令参数等字段。

例如,利用串口调试助手获取到心跳包,对示例消息 FE 09 03 02 01 00 10 00 00 00 0A 03 41 02 03 C6 B6 进行如下分析。

FE:帧头,占一字节,表明该心跳包为 Mavlink 1.0 版本的心跳包。Mavlink2.0 版本协议的帧头为 FD。

09:负载长度,占一字节,表明该消息帧中有效载荷的长度为九字节。

03:消息的序列号,占一字节,表明这是第 03 号消息。

02:系统 ID,占一字节,表明该航行控制板的系统 ID 为 2。

01:组件 ID,占一字节,用来说明此消息是由哪个组件发出来的,1 代表航行控制器。

00:消息 ID,占一字节。心跳包为第 0 号消息。

10 00 00 00 0A 03 41 02 03:心跳包的有效载荷,它们分别代表如下含义。

10 00 00 00:用户模式,占四字节(参数 10 00 00 00 为 Manual 模式,参数 04 00 00 00 为 Hold 模式)。

0A:固件类型,占一字节。十六进制转换为十进制为 10,10 对应 MAV_TYPE_GROUND_ROVER。

03:航行控制器类型(即航行控制器固件的类型),占一字节。03 对应 MAV_

ARDUPILOTMEGA，即 APM 固件的驾驶仪。

　　41：基本模式，占一字节。

　　02：系统状态，02 表示系统正在校准，没有准备好任务执行。

　　03：MavLink 版本号，默认取值为 3。

　　C6、B6 为校验位，在打包消息时，函数调用了 checksum.h，会在消息帧的最后添加二字节的校验位。

6.2.3　自定义软件通信协议

　　通信协议通常是两个(或多个)设备之间进行通信必须要遵循的一种数据排列格式规范。无人艇搭载的外设通常需要通过预先约定的通信协议才能够与控制器建立连接。针对需要用户自定义的通信协议的应用场景，如果只考虑帧头、有效数据和帧尾，那么这种通信方式往往只能在相对理想的一对一环境下使用，如果遇到外部电磁干扰以及有效数据长度变化，则极易导致通信无法正确传输数据。为此，一份完整的轻量级通信协议是保证数据传输的重要支撑。相比于通用的 NMEA0183、MavLink 等通信协议，用户根据实际需求自定义的软件通信协议，通常需要包括帧头、设备地址/类型、命令/指令、命令类型/功能码、数据、校验码和帧尾等字段，如表 6-11 所示。

表 6-11　自定义软件通信协议字段说明

字段	帧头	设备地址/类型	命令/指令	命令类型/功能码	数据长度	数据	校验码	帧尾
长度/B	2	2	1	1	2	N	1	2
举例	5A A5	10 01	0X01	0X01	0X0001	32	FE	A2
说明	二字节帧头固定数值	设备描述	命令描述	命令类型描述	0X0001~0XFFFF	通信设备有效载荷和用户决定	校验和或CRC校验	一字节帧尾固定数值

　　自定义通信协议字段说明如下。

　　帧头：一帧通信数据的开头。有的通信协议帧头只有一个，有的有两个，如 5AA5 作为帧头。

　　设备地址/类型：通常用于多种设备之间，为了方便区分不同设备。这种情况，需要在协议中要描述各种设备类型信息，方便开发者编码查询。如果有些固定的两种设备之间进行通信，可以省略删除这个字段。

　　命令/指令：比较常见，一般是不同的操作，用不同的命令来区分，如舵角：0X01；油门：0X02。

　　命令类型/功能码：对命令进一步补充，如读、写操作，其中读 Flash：0X01；写 Flash：0X02。

　　数据长度：这个字段主要是在方便协议(接收)解析时，统计接收数据长度。例如，当传输的数据长度变化时，就需要通过数据长度来明确特定帧的有效数据内容。如果是定长通信协议，则这个字段也可以省略。在有的常见协议中会把该选项提到前面设备地址位置，把命令这些字段信息全部算在"长度"里面。

数据：实际用户希望传输的有效载荷，如 GPS 经纬度位置、无人艇航速等。

校验码：一个比较重要的内容，一般通信协议都会有这个字段，因为通信受到干扰或者其他因素导致传输数据出错时，可以通过校验确认接收数据的对错。校验码的方式有很多，包括校验和、CRC 校验等。

帧尾：解析协议时辅助判断一帧数据结束的标识符，有些协议为减少数据通信量可没有帧尾。

上述就是一个自定义软件通信协议的基本格式及内涵。在实际自定义通信机制的程序设计实现过程中，还需要考虑根据通信数据的频率和容量设计消息队列存储，复杂多维待传输数据需要考虑封装结构体，以及消息中断或失败后的超时检测或断连检测等。

6.3　无人艇自主对接回收控制案例设计与分析

6.3.1　自主对接回收控制系统介绍

无人艇在军民领域均展现出广阔的应用前景，但受限于续航时间，无人艇的对接回收成为海上作业能量补给、数据回传以及运维保养的重要支撑技术。国内外已有不少学者开展了无人艇对接回收控制研究，相比于常规无人艇海上路径规划智能航行，对接回收是要求更为复杂的一类智能航行能力，需要基于视觉、雷达等多种感知手段实现自主定位跟踪回收装置，并在有限的时间内收敛到特定偏距之内才能进入回收框内。下面结合实际案例介绍无人艇自主对接回收控制案例。

1. 无人艇回收对象介绍

试验使用 175 无人艇平台，如图 6-20 所示，相关参数见表 6-12。该艇搭载有组合导航

图 6-20　175 无人艇平台

系统(支持 RTK 差分定位)、激光雷达、视觉传感器等多种高精度传感设备。与岸基端采用 5.8GHz 无线网桥进行网络通信,可实现多艇组网集群。艇载端进行环境信息采集及处理,岸基端可以实时,监控无人艇系统各类状态信息以及第一监控回传视频视角。岸基端上位机可以下发自主控制任务和控制参数,具有手操遥控和自主控制两种模式。

表 6-12   175 无人艇相关参数

操纵	无线通信距离/km	>1
	续航能力/km	54
	最高航速/kn	8
尺寸	长/m	1.75
	宽/m	0.62
	高/m	0.75

2. 回收笼

回收装置采用笼式结构,如图 6-21 所示,整体长宽高尺寸为 2.15m×0.8m×1m,激光雷达标记反光板布置在艏部;视觉标记物 STag 二维码布置在艏艉两端;位姿采集盒水平布置在回收装置的中轴线。岸基端采用 PC 机作为监控,部署无人艇上位机,负责完成对其状态监控、指令下达、参数设置等操作。试验在某开放水域开展,试验场地长 2km、宽 0.6km,试验场景如图 6-22 所示。

图 6-21   回收笼

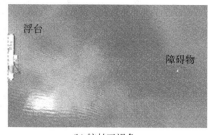

(a) 航拍侧视角   (b) 航拍正视角

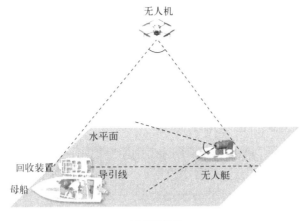

(c) 试验场景

图 6-22　试验环境及试验场景

6.3.2　自主对接回收控制系统传感器滤波

由视觉解算出的原始数据中存在一定频率的波动，STag 方法由于在定位方面更为敏感，故具有较高频的波动。考虑到实际情况中控制方法存在响应时间，过于频繁的波动不利于高效的制导，且数据的跳变容易对无人艇产生错误的引导。因此，在进行视觉的解算后，添加对于视觉定位结果的滤波以改善该问题，本节对解算获得的结果同时进行限幅滤波及一阶低通滤波。

对于每一次采样，有本次采样值 $\hat{x}_k$ 以及上次采样值 $\hat{x}_{k-1}$，首先对本次采样数据进行限幅滤波，计算公式如下：

$$\begin{cases} \hat{x}_k = \hat{x}_{k-1} + A, & \hat{x}_k - \hat{x}_{k-1} > A \\ \hat{x}_k = \hat{x}_{k-1} - A, & \hat{x}_k - \hat{x}_{k-1} < -A \\ \hat{x}_k = \hat{x}_k, & \left| \hat{x}_k - \hat{x}_{k-1} \right| \leqslant A \end{cases} \tag{6-1}$$

式中，A 为实验前确定的两次采样允许的最大偏差值。

经过限幅滤波去除大幅跳变的数值后，再经过一阶低通滤波使输出更加平滑。一阶滤波的计算公式如下：

$$\hat{x}_k = a \cdot \hat{x}_k + (1-a) \cdot \hat{x}_{k-1} \tag{6-2}$$

式中，a 为设定的加权系数。

无人艇视觉导引系统中图像处理程序与控制程序的传输数据频率为每秒 5 帧，限幅滤波能够消除由偶然波动引起的误差，去掉明显错误的数据。但考虑到限幅滤波无法抑制周期性干扰且平滑度差，故对获得的数据再次进行一阶低通滤波，这样能提高获得数据的平滑度，对后续控制更加友好，并对周期性干扰具有良好的抑制作用。

6.3.3　自主对接回收验证试验

为了验证面向无人艇对接回收的视觉伺服系统在湖上实际应用中的性能，在不同环境中完成多组自主对接试验，包括回收装置固定的静态对接回收试验及回收装置被母船拖动的动态对接回收试验。

在所有航次的试验中，回收装置均固定在试验母船右侧艉部。在静态对接回收试验中，母船停靠于岸边，无人艇视角下的对接过程如图 6-23(a)～图 6-23(e)所示。在动态对接实验中，由母船拖动回收装置匀速向前航行，回收装置与母船速度相同，无人艇视角下的对接过程如图 6-24(a)～图 6-24(e)所示。

(a) $t = 1s$　　(b) $t = 16s$　　(c) $t = 31s$　　(d) $t = 46s$　　(e) $t = 60s$

图 6-23　静态对接回收试验场景

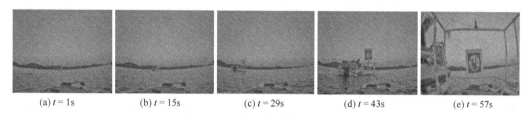

(a) $t = 1s$　　(b) $t = 15s$　　(c) $t = 29s$　　(d) $t = 43s$　　(e) $t = 57s$

图 6-24　动态对接回收试验场景

在图 6-23 所示的静态对接回收任务中，无人艇速度约 1m/s，母船停靠岸边速度为零，通过视觉测量获得的原始数据及滤波值如图 6-25 所示。

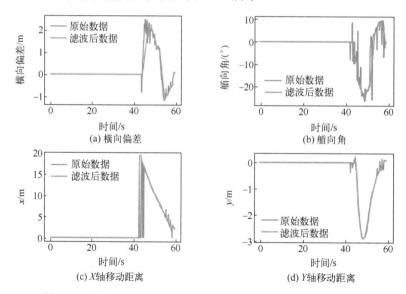

图 6-25　静态对接回收任务中视觉测量及滤波数据时历曲线图

可以看出，在湖上试验过程中，受波浪及无人艇艏向波动等因素影响，视觉测量数据波动较为频繁，且存在一些野值点。通过数据滤波，可以有效减小数据波动，为后续控制部分提供更加平滑稳定的输入。

　　该次静态实验过程中，无人艇与回收装置的航行路线、航速以及无人艇的控制舵角、艏向角如图 6-26 所示。

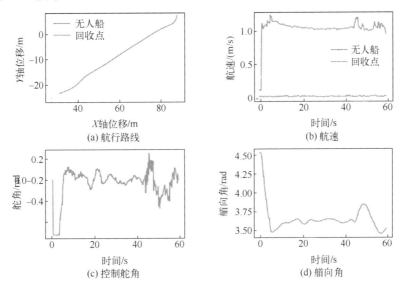

图 6-26　静态对接任务中无人艇及回收装置航行数据时历曲线图

　　在图 6-24 所示的动态对接回收任务中，无人艇速度约 2.3m/s，母船速度约 2m/s，通过视觉测量获得的原始数据及滤波值如图 6-27 所示。

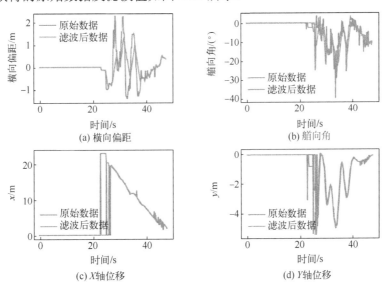

图 6-27　动态对接任务中视觉测量及滤波数据时历曲线图

　　在该动态试验过程中，无人艇与回收装置的航行路线、航速以及无人艇的控制舵角、艏向如图 6-28 所示。

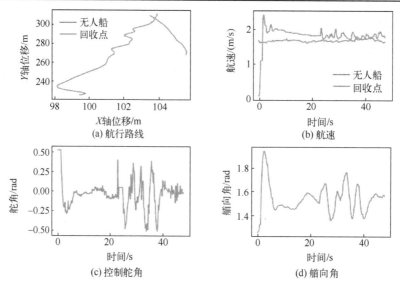

图 6-28　动态对接任务中无人艇及回收装置航行数据时历曲线图

所有静态对接回收试验及动态对接回收试验的试验条件及试验结果分别如表 6-13 及表 6-14 所示。静态对接回收试验次数共 12 次，其中 1 次对接失败，成功率 91.67%，动态对接回收试验次数共 8 次，其中 2 次对接失败，试验成功率 75%。

表 6-13　静态对接回收试验结果

无人艇航速/(m/s)	回收笼航速/(m/s)	试验次数	对接成功率/%
0.3	0	4	
0.6	0	4	91.67
1.0	0	4	

表 6-14　动态对接回收试验结果

无人艇航速/(m/s)	回收笼航速/(m/s)	试验次数	对接成功率/%
1.5	1.2	2	
1.8	1.2	2	75
2.3	2	2	
2.6	2	2	

6.3.4　避障控制下的静态靠泊验证试验

回收笼安装在浮台旁，位姿采集盒通过无线数传远程将数据回传至岸基站，由岸基站将回收笼位置转发给无人艇，实现远距离导引。共进行 4 次靠泊回收试验，均实现成功对接回收。试验中选择 3 倍大小的安全领域范围作为避让领域范围。无人艇航速 3kn。靠泊回收的试验数据见图 6-29～图 6-31。

从图 6-29 所示的航行轨迹可以看出，无人艇在航行至障碍物附近时完成躲避动作后，快速回归到位姿采集盒反馈的预设路径，验证了基于 LOS 的避障算法可行性。图中虚线

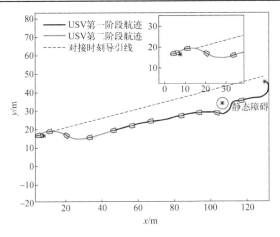

图 6-29　靠泊回收的航行轨迹

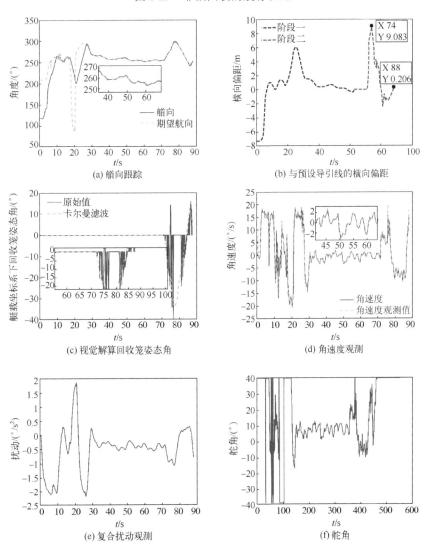

图 6-30　靠泊回收的相关试验数据

给出了对接时刻回收装置的预设导引线，末段对接成功，将该导引线定位为真实的回收
装置的中轴线。在靠泊回收的第一个阶段，无人艇的航行轨迹与该真实值的垂向距离具
有约 10m 的偏差，偏差是因为无人艇与回收装置上搭载的惯性导航系统存在差异，且无
人艇惯性导航系统定位存在误差。图 6-30(b) 表明无人艇在航行时间经过约 25s 产生了避
障动作，此时的垂向距离变大，40s 之后完成避障动作并回到预设导引线路径上，进入阶
段二后，与预设导引线的距离产生了 9m 的跳变，也说明惯性导航设备存在定位误差，阶
段二的视觉感知策略所测量的预设导引线位置更加接近真实值。9m 这个数值也与图 6-29
所示的航行轨迹在第一阶段时与对接时刻导引线的横向偏距约 10m 吻合。图 6-30(c) 为视
觉解算回收装置的姿态信息，在距离回收装置约 20m 时，视觉识别到 STag 标记，开始解
算。图 6-30(a) 表示复合扰动观测值补偿进控制后，控制稳定时无人艇的艏向能够跟上期
望航向。图 6-30(d)、(e) 为观测器的观测值，角速度曲线误差较小，验证了基于观测器
的抗扰算法的可行性。图 6-30(a)、(f) 表示无人艇在检测到障碍物进入避让领域范围时，
期望航向产生较大跳变，开始进行避障动作，此时舵角打满左舵 40°。图 6-31 最后对接
时刻无人艇距离中轴线约左偏 0.2m，与图 6-30(b) 的最终对接数据一致。

　　四次回收对接实验的最终对接精度数据见表 6-15。四个航次的对接误差绝对值均值
为 0.13m，回收笼制作宽度为 0.8m，无人艇成功对接至少要求对接精度小于 0.4m，因此
靠泊回收试验验证了整个对接回收系统的对接精度满足使用要求。

图 6-31　靠泊回收的艇载视角

表 6-15　靠泊回收相关航次对接精度

航次	1	2	3	4
对接时刻距预设导引线横向偏距绝对值/m	0.206	0.1	0.128	0.088
均值/m	0.13			

思考与练习

1. 无人艇智能航行控制系统架构必备的组成要素有哪些？集成式和模块化有什么区别？

2. 无人艇船岸通信常用的物理链路有哪些方式？NMEA 通信数据结构基本组成包括哪些字段？

3. 定位导航用卫星接收机的常用数据格是什么标准？GPRMC 的字段有哪些？

4. MavLink v1.0 版本和 v2.0 版本通信协议的区别与联系有哪些？

5. 无人艇对接回收系统中相对定位的手段有什么？有何特点？

6. 面向无人艇对接回收，综合应用了哪些知识？有何特点？

参 考 文 献

董早鹏, 宋利飞, 2019. 无人艇运动规划与控制[M]. 武汉: 武汉理工大学出版社.

工业和信息化部, 交通运输部, 国防科工局, 2018. 智能船舶发展行动计划(2019—2021年)[EB/OL].
    https://www.gov.cn/xinwen/2018-12/30/content_5353550.htm. [2024-06-26].

韩京清, 2008. 自抗扰控制技术: 估计补偿不确定因素的控制技术[M]. 北京: 国防工业出版社.

贾欣乐, 杨盐生, 1999. 船舶运动数学模型: 机理建模与辨识建模[M]. 大连: 大连海事大学出版社.

李锦江, 2022. 海洋无人航行器预设性能运动控制技术研究[D]. 武汉: 华中科技大学.

廖煜雷, 2012. 无人艇的非线性运动控制方法研究[D]. 哈尔滨: 哈尔滨工程大学.

刘传, 2023. 微小型自主水下航行器研制与运动控制研究[D]. 武汉: 华中科技大学.

吕庭豪, 2014. 船舶动力装置原理与设计[M]. 武汉: 华中科技大学出版社.

苏翔, 2021. 基于机器视觉的海洋无人系统对接回收技术研究[D]. 武汉: 华中科技大学.

孙江龙, 张正艺, 解德, 2022. 船舶设计原理[M]. 武汉: 华中科技大学出版社.

孙延浩, 2021. 基于ROS半实物仿真的无人艇自主航行控制器快速开发方法[D]. 武汉: 华中科技大学.

杨帆, 2007. 数字图像处理与分析[M]. 北京: 北京航空航天大学出版社.

张磊, 庄佳园, 王博, 等, 2018. 水面无人艇技术[M]. 上海: 上海交通大学出版社.

张显库, 任俊生, 张秀凤, 2014. 船舶建模与控制[M]. 大连: 大连海事大学出版社.

中国船级社, 2024. 智能船舶规范 2024[EB/OL]. https://www.ccs.org.cn/ccswz/articleDetail?id=
    202312061041161178&columnId=201900002000000011. [2024-06-26].

FOSSEN T I, 2011. Handbook of marine craft hydrodynamics and motion control[M]. Hoboken: John Wiley
    & Sons, Inc.

GONZALEZ R C, WOODS R E, 2017. Digital image processing[M]. 4th ed. London: Pearson.

KUIKEN K. Diesel engines for ship propulsion and power plants[M]. 3rd ed. Groningen: Target Global
    Energy Training, 2017.

LIU C, XIANG X B, HUANG J, et al., 2022. Development of USV autonomy: architecture, implementation
    and sea trials[J]. Brodogradnja, 73(1): 89-107.